《侨乡文化研究》丛书

U0575274

移民与文化
全球视野下的离散族群研究

◇郑一省　段晓红　主编

中国华侨出版社

·北京·

图书在版编目（CIP）数据

移民与文化：全球视野下的离散族群研究 / 郑一省，
段晓红主编. —北京：中国华侨出版社，2024.12
ISBN 978-7-5113-8817-9

Ⅰ.①移… Ⅱ.①郑…②段… Ⅲ.①移民—文化研
究—世界 Ⅳ.①D523.8

中国版本图书馆CIP数据核字（2022）第103659号

移民与文化：全球视野下的离散族群研究

主　　编：郑一省　段晓红
策划编辑：应　浩
责任编辑：刘晓燕
装帧设计：杨　琪
经　　销：新华书店
开　　本：710mm×1000mm　1 / 16开　印张：10.75　字数：183千字
印　　刷：三河市华东印刷有限公司
版　　次：2024年12月第1版
印　　次：2024年12月第1次印刷
书　　号：ISBN 978-7-5113-8817-9
定　　价：58.00元

中国华侨出版社　北京市朝阳区西坝河东里77号楼底商5号　邮编：100028
编 辑 部：（010）64443056-8029　发行部：（010）64443051

如发现印装质量问题，影响阅读，请与印刷厂联系调换。

《侨乡文化研究》丛书概述

　　侨乡是华侨华人的故乡，是随着中国海外移民史的展开而出现的，它是中国颇具特色的一个社会现象。自侨乡形成以来，海外华人就与侨乡发生着千丝万缕的联系，海外华人与中国的联系实际上是与其侨乡的联系，而要理解并维系海外华人与侨乡的联系，对侨乡进行研究就必不可少。本丛书的特点在于：不但出版国内外学者的专著，还会推出海外学者的侨乡研究成果；以第一手资料和田野调查获得的侨乡研究成果为主，并出版国内华侨华人研究学者的著作，以及翻译出版国外有关华侨华人的研究著作。

一、研究目的

　　在总结前人学术研究成果的基础上，本丛书试图达到下述目标：其一，在阐述华侨华人文化和侨乡文化的基础上，探讨新时期海外华人与侨乡及中国的关系；其二，通过开展侨乡研究，推动学术发展，展示侨乡研究的最新成果；其三，切实对新时期华侨华人与侨乡的关系之历史与现状进行总结和思考，为政府侨务政策提供参考和为侨乡文化建设提供智力支持。

二、研究意义

　　关于侨乡的研究，学者们的研究成果已相当丰富，涵盖社会、经济、文化等方面，但就其研究成果而言，还存在几方面的不足：第一，由于缺乏第一手侨乡社会的基本资料，研究方向偏向于大框架、大背景的梳理，往往以所谓的共识来理解具体侨乡的演变进程，缺少对侨乡深层结构和民众价值观念意识形态的关注；第二，在研究方法上，更多的是重视理论宏观意义上的研究，忽视了田野调查的重要性，其研究成果主要是对已有文献史料的剖析，不能真正理解侨乡社会自身的发展变迁；第三，从研究深度上，就事论事，缺乏关注其背后的社会变迁，导致侨乡研究在某种程度上而言缺乏现实意义。鉴于已有研究成果存在的不足，本丛书主要以大量的田野调查资料为基础，注重共时性与历时性研究的结合，力求对侨乡与华侨华人的相关问题做微观或中观研究，将侨乡放在国家社会发展的大框架中，在调控侨务政策、促进侨务工作适应性转型的大背景下，以侨乡本身作为出发点，深入开展切实性的、系统性的研究。本丛书集国内外学者专著，既有编著亦有译著，以第一手资料和田野调查获得的侨乡研究成果为主，从不同视角、不同层次较为系统地展示侨乡研究的相关成果。综上看来，本丛书不仅具有一定的学术意义，且具有较强的现实意义。

三、研究内容

侨乡是中国特有的社会现象，它是一个地区海外移民达到一定程度的产物，是海外移民比较活跃的区域性社区。侨乡民众与海外华侨华人存在天然的情感联系，侨乡与海外华侨华人长期以来存在互动，互为影响。中国侨乡已经成为中国实现城市化发展的排头兵和领衔者之一，同时是中国与世界沟通联系的重要场地、桥头堡。《侨乡文化研究》丛书一定意义上是应学术与时代发展之需，在以往零散、独立研究著述的基础上再创新，形成全面、系统的序列性著作。

本丛书的研究内容主要体现在以下几个方面。

第一，侨乡文化。侨乡文化是侨乡研究的主要内容之一。侨乡由于有大量的海外移民，处于一种中外文化交流与对撞中的一个独特位置。在中国的近现代化进程中，侨乡民众具有一种开风气之先，还具有一种对西方文化不是照单全盘接受也不是简单的模仿，而是自觉或者不自觉地将外来文化与本土传统文化相结合产生出一种新的亦土亦洋的侨乡文化形态。侨乡文化的生命力在于与时俱进、不断创新、大力提倡、广泛弘扬。侨乡传统文化是需要保护和大力弘扬的，以便侨乡传统文化得以发扬光大，促进社会发展，推动人类进步，缔造世界文明。本丛书侨乡文化研究的内容涵盖了侨乡遗产、侨乡社会与文化史、当代侨乡社会现实问题、侨务理论与侨务工作等方面。

第二，华侨华人文化。海外华侨华人文化是一种源于中华文化、广泛地吸收了海外本土文化和西方文化，是在海外的土壤中播种、成熟和发展起来的一种新型文化。它是华侨华人思维方式、价值取向、理想人格、伦理观念和审美情趣的集中体现。华侨华人作为华侨华人文化的载体，研究华侨华人文化对于了解华侨华人这一族群的概况和侨乡具有特殊的意义。新时期，华侨华人文化的现代化过程是一个不断吸收中西方文化精髓的过程，同时是不断向先进文化模式变迁与完善的过程，如何把握好新时期华侨华人文化的现代化问题，也是本丛书所需要努力的一个方向。

第三，海外华人与侨乡的关系。海外华人与中国的关系历来是华侨华人研究的重要议题，海外华人与中国的关系主要表现为与其祖籍地的关系。侨乡作为华侨华人的家乡，是海外华人了解中国的一个窗口，是考察华侨华人与中国关系的一个重要方面和参照坐标，这不仅因为侨乡是海外华人与中国进行经济合作的主要区域，是海外移民影响祖籍地社会、文化的"独特风景线"，还因为侨乡研究是透视海外华人与中国关系的实证性研究。可见，海外华人与侨乡之间的关系是十分密切的，两者之间的联系主要表现在经济和社会文化方面。首先，海外华人与侨乡经济上的联系是推动侨乡社会发展的主要动力，自侨乡成立之日起，海外华人就以各种形式与侨乡存在联系，他们对侨乡的经济贡献是明显的，主要体现在侨汇、投资和捐赠公益事业上。侨汇是海外华人一直以来联系侨乡的重要纽带，其改善了侨眷家庭的水平。随着海外华人经济实力的不断壮大，他们不再局限于给祖籍地的亲属汇款，而且开始对侨乡进行投资建设，这直接推动了侨乡的经济发展。20世纪80年代，中国的改革开放中乡镇企业经济发展出现了三种著名的模式，即苏南模式、温州模式和晋江模式，其中，晋江模式就是侨乡利用海外资源进行现代化建设的典型例证。首先，海外华人投资侨乡，促使侨乡形成外向型的经济结构。此外，海外华人还给侨乡引进了西方先进的技术和管理经验，为侨乡社会经济发展注入了新鲜血液，促进了就业和制度创新。其次，海外华人与侨乡的社会文化联系是多元的、多层次的，体现在建筑、民俗活动、捐资办学等各方面。在建筑方面，一些侨乡采用了西洋建筑文化，并结合自身文化，展示了中外文化交流的样态；在民俗活动方面，海外华人对宗族组织的复兴起到了举足轻重的作用，随着海外华人及其新生代与祖籍地互动的加深，越来越多的海外华人回乡谒祖，使侨乡的民间宗教信仰得以恢复；在捐资办学方面，海外华人素有捐资办学的优良传统，促进了侨乡教育事业的发展。

海外华人与侨乡在经济、社会文化上的互动，在不同的时期有不同的特点，但毋庸置疑，这种互动联系在任何时期都产生着积极的影响，互动加强的正面是两者互利共生性的深化。随着全球化的发展，海外华人与侨乡的联系将日益紧密，研究如何在新时期更好地理解与把握两者之间的关系，从而服务于侨乡和国家的现代化建设，这是一项很有意义的工作。

《侨乡文化研究》丛书编委会

2014年3月

前　言

2019年10月28日至29日，由中国广西民族大学和韩国全南大学联合主办，广西壮族自治区侨乡文化研究中心、全南大学国际移民（Global Diaspora）研究所、BK21+全球Diaspora创意人才培养项目团承办的"2019第三届'全球离散族群'国际学术研讨会"在广西南宁市隆重举行，本次会议以"全球化与移民文化"为主题，探讨全球在外同胞面临的挑战和方向，来自韩国全南大学及中国广西民族大学的各位专家学者及硕博士生参加了此次会议。会上，韩国全南大学的金暻学教授、鞠敏镐教授、朴现在教授和广西民族大学的郑一省教授发表了主旨演讲，与会学者就以下问题进行了广泛而充分的探讨和交流。这本论文集是此次会议的成果，共收集了11篇文章，涉及以下方面的内容。

第一，社会与文化

在不同的历史时期，"离散族群"有着不同的类型和特点，但有一点是恒久未变的，即离散同胞即便离开母国，散布于不同国家的族群中，仍延续着本民族的文化，而在与住在国其他族群的交往和互动中，也不可避免地发生文化涵化。郑一省在《"族群文化孤岛"：泰国勿洞华人社会初探》中通过扎实的田野调查，深描泰国勿洞的华人社会，认为勿洞华人社会通过自身所具有的运行机构，以及传承原乡的文化，形成了"族群文化孤岛"的特征。实际上，勿洞华人社会之所以成为"族群文化孤岛"，一是勿洞位于泰国的边缘，处于泰国最南端，其独特的地理空间构成了勿洞华人社会的封闭性；二是勿洞华人人数在早期是占绝大多数的，即使后来马来人和泰人的人数逐渐接近华人，但目前华人的人数仍然在总人口中占有较大的比例；三是无论是在历史上还是在当代，华人的政治热情高涨，参政的意愿仍然较强，形成其独特的政治运行体系；四是由于华人人数较多，且受方言群的区隔，大多数在市内开展经济活动，或者在某些区域形成自己的经济领域等原因，使得华人较少与当地其他族群互动；五是勿洞华人虽然在此地生存了近百年，但对祖籍国文化充满迷恋与坚守……所有这些都是勿洞华人社会形成"族群文化孤岛"的背景与动因。

经济全球化对海外华侨华人社会各领域的发展产生了重要影响，随着中国"一带一路"倡议不断深入实施，考察海外华侨华人的社团组织有助于深入掌握侨情，为各层级侨务政策的制定提供依据。段晓红的《华人社团发展与帮权变化——以文冬广西会馆为中心》考察了马来西亚文冬广西会馆从无到有，由弱到强的发展过程，认为帮权斗争始终贯穿其中。作者指出，文冬广西会馆的成立是广西帮群抵御外部袭扰并与之斗争的产物，在周氏、陈氏等几大家族的带领下，广西会馆在经济、政治、社会影响力等方面实现提升和壮大，而周、陈两大家族的权势角逐不可避免地出现分歧和竞争，新时代背景下，社团内部的党派之争成为会馆发展及整个华社发展需要面对的命题；马莉莉在《中华文化在文莱华校中的传承与中国国家形象塑造》中认为，随着"一带一路"倡议的提出和深入实施，文莱华校的功能由"教育华裔弟子"转向"重视文化传承及价值观塑造"，它们通过华文教育改革、活动创新、文体竞赛和表演展示等方式传承中华文化，展示了中华文化的丰富性、多元性、经济价值及包容性，传承了中华文化优秀的思想道德观，客观上塑造了正面的中国国家形象。

第二，经济

在"离散族群"社会中，经济也是其发展的重要问题。有关"离散族群"的经贸及其网络一直以来都受到学界的广泛关注。陈俊源在《柬埔寨华商的历史演变及其特征》中探讨了柬埔寨华商的历史演变，认为柬埔寨华人经济的发展经历了一条起伏悬殊的岭谷道路，且深受住在国政治环境、经济政策和社会文化的影响，直到现在，已经出现了不同于传统经济活动的新特征；郑雨来的《21世纪以来菲律宾华商现状探析》一文，认为菲律宾华商的经济地位，既是维系菲华社会的支柱，也是华人政治地位提升的主动力。纵观21世纪华商的发展历程，可以看到，经过20世纪末金融危机洗礼的华商大企业逐渐走向成熟，传统家族经营模式弱化，业务经营方式趋于稳定，整体素质有效提高，但就主体来看，菲律宾华商还是以经营中小微企业为主，规模与少数华商大企业和西方跨国公司相比仍相形见绌；罗赞在《多元政策视域下当代老挝华商发展初探》中认为，在老挝华商的发展过程中，其一大特点在于非市场因素产生了较大的影响，即不同的历史时期受到不同政策的影响较大，因此纵向多元化的政策使老挝华商的发展带有明显的阶段性特征。当代，随着全球化的深入，老挝国内及国际更加多元化的发展政策，使得老挝华商出现被置于更加广泛的社会经济、文化的合作之中的趋势。因此，多元政策影响下的老挝华商文化和身份认同进一步被强化，族群的流动性特征逐步加强。李莫娴的《泰国华商方言群经济浅析》中指出，华人在不断移民暹罗的过程中，开始出现了以"社群式"的生活方式形成的"帮"或者"帮群组织"，而"帮"的划分多数以方言群为主要依据。移民暹罗的潮州、福建、海南、广西、客家、云南六大方言群，时间不一，人群分布不同，移民类型也相互交叉，因此方言群中的华商分化出不一样的商业和职业。

第三，女性

在全球化背景下，由于国际劳动力市场需求结构的变化、女性自主权利实现的需求等因素影响，女性移民成为国际移民的重要组成部分。在不同的国家，女性移民在移民总数中的占比不同，于韩国而言，外籍女性移民人数呈不断增长的态势，她们的跨国实践得到与会学者的一致关注。金暾学、伊奈斯·米兰达的《韩国国内拉丁美洲的婚姻移民女性母性经验案例研究》以韩国国内持续增加的拉丁美洲女性移民为研究对象，深度访谈其社会人际关系、家庭背景、移居韩国的过程及母性经验（包括生育、养育、亲子关系等问题）。研究结果表明，由于语言沟通障碍，拉丁美洲女性移民在生育、产后调理和养育孩子的过程中普遍存在与医院、校方沟通困难的问题；因缺乏母国家人在情绪上的支持，受访者通过ITC（信息和通信技术）与母国亲人通信、邮寄礼物、回国探亲、邀请家人来访等方式消解所面临的孤独感。同时，研究还发现，访谈对象一致反感韩国教育，她们会考虑将子女送回母国就学；在母子关系中，大多数人看重母国原乡语言的传承，表现出对维持原乡语言或文化上的认同。拉巴尼·高拉姆、张禹权的《国际移民对孟加拉国女性家庭角色的影响》是以新闻报道、政府官网、学术期刊等渠道收集的资料为基础，结合对返回母国的女性移民及其子女、丈夫以及代替移民女性担任其角色的亲属进行的访谈而展开的。研究结果表明，与男性移民相比，孟加拉国女性移民费用相对较低，她们移民的主要目的地是中东阿拉伯国家；她们寄回的汇款缓解了母国及个人家庭的贫困，使得教育、医疗、住房、食品等消费均有一定的改善，因而这一女性移民群体获得了家庭的尊敬。然而，她们也面临剥削、暴力等危险。通过这一个案，作者认为，全球化进程中，发展中国家女性的国际移民满足了发达国家工业和服务业用工的需求。陈润旭在《马来西亚文冬玻璃口新村外籍新娘探析》一文中基于马来西亚最大的"广西村"——玻璃口新村的田野调查，探究玻璃口新村的外籍新娘群体，作者发现，该村的外籍新娘来自印尼、泰国、越南等地，她们通过自由恋爱或婚姻中介实现跨国婚姻，其中通过中介嫁入玻璃新村的新娘存在婚后感情不和、婚姻名存实亡及逃婚等问题；在社会适应方面，外籍新娘在语言、饮食、风俗、宗教等方面融入当地社会需要经历漫长的过程；由于部分外籍妈妈受教育水平不高，忙于生计，使得她们对子女教育关注、引导方面存在缺失。

此次会议的举办得到中国广西民族大学和韩国全南大学的高度重视，与会学者给予了热情的支持。从会议提交的论文及会中讨论的情况看，本次学术研讨会呈现以下特点。

第一，女性移民问题得到普遍关注。中、韩两国学者提交的论文中有半数论及女性移民问题，涉及的国别有马来西亚、孟加拉国及拉丁美洲各国，学者们就女性移民的跨国婚姻、母性经验、母国家庭角色的变化、在住在国的从业情况等方面进行考察和研究，既有对住在国影响层面的关注，又有对母国影响层面的探讨；不仅有对其母国、住在国整个社会、国家层面的宏观研究，也有对微观家庭层面的关照；研究的触角是多视向、多层面的。对女性移民的关注，顺应了全球化进程中女性移民群体增长的态势，是对21世纪以来移民研究中女性移民薄弱研究取向的充实，有利于为女性移民群体的研究提供来自不同国家、触及不同问题的研究个案，是全球化视野下对国际移民问题的有益探讨。

第二，研究内容及方法的多元化。此次会议研讨的内容不仅涉及移民问题，也有对离散群体文化、社团组织、经济、语言传承的讨论，议题丰富多彩。与会学者的研究均建立在扎实的田野调查的基础上，结合历史文献、深度访谈、社会统计、对比研究、个案分析等研究方法，涉及民族学、人类学、社会学、历史学、教育学、文化学等多元学科，体现高度的跨学科性、实证性，颇具说服力。

第三，突出的实践意义。本次会议聚焦的问题均具有较高的问题导向性，如人口老龄化与从事护理工作的国际移民、结婚移民及其母性经验、海外华侨华人的文化信仰与社会融入、"一带一路"视野下中华文化在海外的传承与国家形象塑造，海外华人的社团组织，华商经济无一不体现着研究内容本身所具有的社会实践意义，不仅为中、韩两国不同层级的政府部门制定相关问题的政策提供依据，也是中国继续深入推动共建"一带一路"倡议，实现"民心相通"，提升国家文化软实力的重要依托路径。

会议开幕会式结束后，金暻学教授和郑一省教授共同签署了中国广西侨乡文化研究中心与韩国全南大学全球Diaspora研究所"关于进行学术交流与合作"协议书，一致同意就开发韩商、华商经济与文化网络课题、举办各种形式的学术交流、实现信息和资料共享、共同培养华商和韩商专业人才、相互选派实习生和研修生等方面进行广泛和深入的合作。

第三届"全球离散族群"国际学术研讨会的成功召开，有利于促进对海外华侨华人与全球在外同胞研究的进一步发展，为与会学者共同交流探讨提供了不可多得的机缘，有助于拓展离散族群的研究视野，推动跨国研究合作和交流，为全球化视野下离散族群研究提供全面而深化的认识。

目　录

一、社会与文化

"族群文化孤岛"：泰国勿洞华人社会初探[①]

郑一省[②]

（广西民族大学　广西侨乡文化研究中心　南宁市　530006）

【摘要】泰国勿洞华人社会具有一种地理空间上的文化生态。勿洞华人虽生活在"异国他乡"，但依然保持着较强的母国族群认同感和传统的生活习惯，其社会似乎是一个"族群文化孤岛"。勿洞华人在"族群文化孤岛"上顽强地维持他们的族群边界，这族群边界主要体现在区隔的政治空间、运行的社会自治管理体系，以及对原乡文化的坚守及传承特征。

【关键词】族群文化孤岛；泰国勿洞；华人社会

目前，学术界有关对泰国勿洞华人社会的研究并不多见，主要分为三个方面，即对泰国勿洞华人社会状况、华文教育，以及历史简介的研究。在泰国勿洞华人社会状况方面，主要有泰籍留学生黎美凤的《泰国勿洞市华人对泰国本土文化的适应和影响研究》一文，其从华人进入泰国勿洞的历史进程、勿洞华人对泰国本土文化的适应、勿洞华人对泰国本土文化的影响这三个层面进行论述，并认为泰国勿洞华人既不是简单同化到泰国本土文化之中，也不是强势地侵入和改变了泰国本土文化，而是两种文化的互相交融与包容。[③]韦益春的《泰国勿洞桂籍华人社会的形成和发展》一文，主要运用国际关系学的移民理论和

---

①本文为2017年国家社科基金重大招标项目"世界华商通史"（17ZDA228）前期成果之一。

②郑一省，博士，广西民族大学教授、广西侨乡文化研究中心主任，研究方向：华侨华人，东南亚民族和国际关系。

③黎美凤：《泰国勿洞市华人对泰国本土文化的适应和影响研究》，硕士学位论文，浙江大学，2014。

社会学的网络理论，从勿洞桂籍华人社会的形成、现状，以及与广西的联系三个层面进行论述，认为勿洞广西籍华人十分重视华文教育，以寻求未来更多的发展机会，而随着当地交通和通信技术的改善，勿洞和广西将有更广阔的合作空间。[①]此外，华文教育也是泰国勿洞华人社会非常重要的一个层面，从以往学者的研究中可看出勿洞社会非常重视华文教育，但有关这方面的研究主要是从对外汉语教学的角度进行探讨。另外，对于勿洞华人历史方面的研究，同时主要体现在《广西通志·侨务志》[②]（1994）、赵和曼研究员的《广西籍华侨华人资料选编》[③]（1990）、《广西籍华侨华人研究》[④]（1996），以及泰国勿洞各社团刊物、勿洞史话等资料中。本文主要基于田野调查和历史文献资料，分析与探讨泰国勿洞华人社会所存在的族群文化孤岛现象。

一、泰国勿洞华人"族群文化孤岛"的生态

"族群文化孤岛"似乎是海外华人社会的一个常见现象。有关"族群文化孤岛"的内涵，一些学者认为它是指"那些在地理空间上与其族群文化母体相对隔离，而在文化特征上又与其周边族群处于某种疏远状态的人群聚落"[⑤]由于泰国勿洞是泰国的一个边陲，处于中央政治中心鞭长莫及的边缘地区，又由于该地区靠近马来西亚的霹雳州和吉打州，许多华人多少年来沿着马来半岛一路辗转迁移至泰国勿洞，在当地辛勤开发因此形成较大的经济势力，再加上20世纪60年代至80年代，当地华人深受革命思想的影响，具有充沛的政治热情和参政意识，此外，当地华人多少年来一直固守其原乡文化，如此种种都使泰国勿洞华人社会形成了一种"族群文化孤岛"的地理空间上的文化生态。

据资料显示，勿洞隶属泰国的也拉府，位于泰国的最南端，也就是泰国南部，即人们常说的泰南地区。目前勿洞总人口数有6万左右，华人大约占一半，

---

①韦益春：《泰国勿洞桂籍华人社会的形成和发展》，硕士学位论文，广西民族大学，2019。

②广西壮族自治区地方志编纂委员会编、向大有主编《广西通志·侨务志》，广西人民出版社，1994。

③赵和曼：《广西籍华侨华人资料选编》，广西人民出版社，1990。

④赵和曼：《广西籍华侨华人研究》，中国华侨出版社，1996。

⑤周大鸣、吕俊彪：《族群孤岛与族群边界——以广西临江古镇平话人为例》，《西南边疆民族研究》2009年第6辑。

马来人和泰人等民族占一半。①据访谈，最开始勿洞主要是华人占多数，后来由于华人逐渐移居到泰国其他地方，如合艾、曼谷等地，当地的华人人口减少，同时当地的马来人大量繁衍，以及时有泰国其他地方的民族移居此地的情况，故勿洞泰人和马来人等其他族群的人口数逐渐接近华人。

在南洋，有所谓"客家人开埠，广府人旺埠，潮州人（福建人）占埠"的说法，而这似乎在泰国勿洞也有所体现。据调查，勿洞华人主要分为六大方言群，即广西人、客家人、潮州人、广府人、福建人和少部分海南人。按一般的说法，最先来到勿洞的是客家人，随后是广府人、福建人，其后是广西人，最后是潮州人和海南人。据访谈，在勿洞这六大方言群中，早期或现在从事种植业的主要是客家籍华人和广西籍华人。客家人先从梅县等地乘船来到槟城，再行走到勿洞，寻找适合耕种的土地，先来到现在广西人耕种的地方，觉得那里土地比较贫瘠，于是深入更深的密林处开垦。一位卢姓的客家籍华人说道：

> 我的叔伯堂哥带着一群卢家人，我阿爸也跟着寻找地方开发，从马来亚来到勿洞地区，看见这里与家乡梅县西阳的条件一样，因为我们住在山顶的人，无所谓山高，所以向当地的政府申请了一万两千莱土地开垦，全部是我们卢家人，后来随着人口的增加，我们卢家的子孙又向密林深处开垦，再往里面就是由其他的华人开垦了。②

客家籍华人至今还保存着一个现在华人称之为"四条（支）碑"（四公里）的村落（街区）。这个四条（支）碑，主要是客家人在公路两旁聚居，久而久之便成为一个公路两旁的（村落）街道或市集。

客家籍华人早期主要以开发者的姿态出现，即开垦芭场或种植橡胶，或种植旱稻，或种植其他农作物。在客家籍华人所从事的种植经济稍有发展后，一部分有财产积累的客家籍华人便在此处逐渐建立起的勿洞地区开设商店，如开设药店、杂货店等。据调查，自20世纪80年代以来，客家籍华人的后辈中有许多人已经将其祖辈的芭场变卖，纷纷移居到泰国的其他地方生活，这既有当时

---

①泰国勿洞市政府提供的资料。据《泰国勿洞八桂堂成立二十周年纪念特刊》载，"勿洞县为桂籍同乡最众的地方，全县人口4万余人，桂籍同乡即有七十波仙（70%）以上，誉诚为'广西村'"。（见邓深元：《勿洞八桂堂创立二十周年》）

②摘自2019年7月26日笔者在泰国勿洞与卢先生的访谈录。

政治因素的影响，也有他们觉得勿洞发展机会不大，便重新开拓其他地区的原因。正因如此，客家籍华人在勿洞的种植园和街面上的商店逐渐减少，如曾在勿洞药店占半壁江山的客家药店，只剩下"同安堂"等几家店，而一些种植园主的后代要么卖掉自己祖辈的胶园，要么将这些胶园让人代管。目前在勿洞的客家籍华人，有许多是老年人或留守儿童，大多数年轻人则前往泰国其他地区谋生了。

勿洞的广府籍华人的先辈主要来自广东肇庆等地，也就是现在的广府地区。他们从中国来到南洋，大多是从新加坡上岸，然后来到马来亚开采锡矿。一位广肇会馆的理事长谈到勿洞的广府人时说道：

> 勿洞是一个有百多年的历史，我们广肇人到勿洞，刚开始我们广肇人是开锡矿的，是从新加坡上岸，向北一直到马来亚的霹雳州，来到马泰边界的地方开采锡矿，这里有锡矿带，像勿洞的整个山脉都有锡矿。郑佛生是我们广肇人的领袖，他是新兴县人。他带了很多同乡，坐船到新加坡来到勿洞开锡矿，那时是靠手工进行开采，所以开采锡矿很辛苦。郑佛生开锡矿发达后，就开始开发和建设勿洞。①

据访谈，广府人郑佛生及其家族从带了50多个新兴县的同乡来到泰国和马来亚交界的地方开锡矿。开锡矿赚钱后，便在勿洞进行建设。当时勿洞街面上除了马来人，基本上没有什么人。郑佛生家族在勿洞建立了一家"利生米店"，从也拉府的农民那里收购米再卖给当地人。同时在勿洞开了一家"利生药店"和一家"利生杂货店"。郑佛生家族带领广肇人开发了现在的大半个勿洞，如现在的观音寺、真空道堂、隧道，以及田径场等地方，都是郑佛生家族带领广肇人开发出来的。一条至今还存在的"新兴街"，以及一条"三哈路坦街"，便是广府人开发和使勿洞旺埠的例证。

勿洞广西籍华人的先辈早期来南洋，主要先登陆马来亚开垦。据说，广西人来到南洋主要从两个地方登陆，一是在新加坡登陆，后渡过柔佛海峡，进入柔佛州，现主要分布在柔佛州的古来、居銮等地。二是从槟城登陆，从槟城登陆的广西人为"开疆拓土"沿着马来亚的霹雳州北上进入泰国的南部，最后到

---

① 摘自2019年笔者在泰国勿洞广肇会馆与其理事长李先生的访谈录。

达勿洞。据泰国勿洞广西会馆三年庆祝特刊叙述到：

> 广西籍同胞约在六七十年前从祖国南来泰国勿洞。勿洞在四十年代前是我属同胞大量定居的地方，我同胞几十年来胼手胝足栉风沐雨，几经艰辛，毅力坚强地创立了自己的家园，长期为这个边陲的重镇的繁荣贡献了自己的力量。在勿洞所有的乡村和市内，广西人居多，故称勿洞为"广西村"是有史可据的。①

据调查，广西籍华人目前从事的行业仍是以种植橡胶、榴梿等为主，也有一部分人从事旅游、建筑和保险等行业。目前在泰国曼谷的封祖超，开始就是从事旅游业，问其为何从事旅游业。他说，从事旅游业需要有一定的条件。当时也就是20世纪80—90年代，泰国逐渐开放，有许多来自中国台湾和香港地区，以及新加坡的华人游客到泰国旅游。由于"二战"后（1945—1955）泰国政府对泰华学校的取缔②，以及1955—1975年对泰国华文教育的限制，致使泰国的华文教育低迷，特别是导致50—70年代出生的泰国华人普遍华语欠缺，即不会华语。③而封祖超所在的勿洞，由于处于泰国的边陲，当地的华人人数较多和集中，泰国政府对当地华文教育控制的执行力度较弱，促使诸如封祖超这样的华人掌握了较好的中文，又由于当地华社流行"白话（广东话）"。如此种种，使得勿洞不少的广西籍华人凭借这些语言优势，参与旅游业。

至于勿洞的潮州籍华人，据说是最后一个来到这里的族群。其实，在整个泰国潮州籍华人最多，所以勿洞也是潮州籍华人所选择的谋生之地。据勿洞潮州会馆史料记载，来到勿洞的潮州人来自中国潮汕一带，他们背井离乡，在泰国最南端的也拉府勿洞落地生根。潮州籍华人的先辈来到勿洞有一部分人从事种植业，如种植蔬菜、水果等，也有一部分人推着手推车在街头售卖食品、杂货等。据记载，潮州会馆的第一任至第四任主席（1994—2014）都曾担任勿洞

---

①见泰国勿洞广西会馆编《泰国勿洞广西会馆三年庆祝特刊》（1982年版）第3页。

②据学者统计，截至1946年底，暹罗（泰国于1945年恢复该国名，1949年再度改名"泰国"）有华校500所左右；至1956年，减至198所，同时对华校各种资源进行严格限制，短短14年间就取缔了300多所华校。（见周南京主编《华侨华人百科全书教育科技卷》，中国华侨出版社，1999年）。

③摘自2019年8月3日笔者在曼谷与封祖超的访谈录。

华人的最高机构"勿洞慈善堂"理事长，以及勿洞中华学校董事长，可以说明潮州籍华人在当地的角色，即从一个侧面说明"潮州人占埠"的现象。

在勿洞六大方言群中，目前广西籍华人占很大一部分，是六大方言群总和的一半，其次是客家人、潮州人、广府人、福建人。在六大方言群中，还有一些海南人，不过所占的比例非常少，这可从海南人在勿洞至今还没有建立会馆而得知。

二、泰国勿洞华人社会"族群文化孤岛"的边界

勿洞华人虽生活在"异国他乡"，但依然保持着较强的族群认同感和传统的生活习惯，在"族群孤岛"上顽强地维持他们的族群边界，这主要表现在以下方面。

（一）区隔的政治空间：勿洞华人在历史与当代所显示出的强烈参政意愿

泰国南部边陲的也拉府勿洞地区，似乎处于一种区隔的政治空间，即自成政治运作体系。在早期马来亚共产党和泰国共产党的影响下，当地华人的政治意识或参政愿望高于泰国其他华人社区，从而形成了勿洞华人的政治生态。

在20世纪50—60年代，马来亚共产党由于与英国殖民当局发生"6·20"事件[1]，马来亚共产党开始进行地下活动，并组织游击队进入森林。如在吉打州东部华玲县抗日军队士兵及进步社团成员，迅速武装反击英军。至1948年8月，英殖民军千余人作重点进攻马来亚共产党游击队，因力量对比悬殊，当时名为八支独七分队的民运单位和中心不断受到严厉冲击，联系中断。[2]为了躲避英军的围剿，马来亚共产党游击队从马来亚的霹雳州和吉打州向泰境转移，据马来亚共产党的一份文件记载：

> 玻璃市与吉打北部八支的一个部队，也在敌兵的大规模进攻下向泰边境转移，抵达昔罗地区，在该地森林驻扎和组织乡村群众，形成边境的北

---

①1948年6月20日晚，英属马来亚殖民当局在全国范围内对马来亚共产党进行大搜捕，逮捕了600多名马来亚共产党成员和群众，接着查封所有争取国家独立的政党、工会和人民团体，宣布马来亚进入"全国紧急状态"，实施《马来亚紧急法令》，并出动大批军警试图一举扑灭马来亚共产党及其领导的马来亚独立运动。

②该内容由勿洞马来亚共产党历史文物馆提供。

部根据地。1951年初，第十二支队的队伍北上到达吡叻河上游，建立有名的"甘榜勿隆"基地。1952年与1953年之交，"甘榜勿隆"被英军残酷摧毁，十二支队进泰境，开入也拉府。1954年初，第十支队长征翻过哈拉河流域都顺园马族地区，组织当地乡村马族群众，建立起东部的根据地。边区根据地连贯马泰边境全线，成为支持武装斗争的依靠。群众工作直至陶公府边境的都顺园马族地区。①

泰马边境全长506千米，除东段以哥洛河主流边界外，其余多是天然山脉分水岭，两边重峦叠嶂，原始森林延绵曲折覆盖广阔，森林边缘多是胶园、乡村和市镇，中经霹雳州与也拉府勿洞边境，直至吉兰丹与陶公府边境，各段基本连成一片。据资料显示，马来亚共产党八支独七分队在向泰境转移时，获得泰国共产党的支援，在勿洞西部万二莱和热水湖立足，马来亚共产党八支独七分队在勿洞地区消灭了当地的土匪武装，赢得城乡居民的信任和支持，从而打开局面，并建立了各种群众组织，勿洞因而成为马来亚共产党的根据地之一。至1952年底，独七分队主力调到仁丹②活动，留守部队由大成（马来亚共产党的领袖之一）带领。1953年3月，阿苏（马来亚共产党的领袖之一）等人抵达勿洞，把大成队整编为第15独立分队，并吸收当地青年参加。正是在这一时期，勿洞的许多华人加入马来亚共产党的游击队里，还有许多华人成为其共青团和少先队的成员。

据调查，20世纪80—90年代泰国勿洞华人参与政治的热情不减，许多华人由于在经济上崭露头角，所以积极参与当地的政治活动。例如，广西籍华人覃庆钊曾任勿洞吧咙区地方议会议员、乡村发展委员；广西籍华人梁同昌曾被选为也拉府参议员，在任期间，每次议会上都力争勿洞之米高价须取消，今时勿洞人能吃到平价米，其功不可没。此外，广西籍华人吴尊周曾当选为也拉府参议员、彭秀荣被选为勿洞也隆区第九村村长、刘统任当选为勿洞也隆区第七村村长等。

值得一提的是，福建籍华人陈进森在1980年参加勿洞市议员竞选，如期当选勿洞市副市长，1990年又当选为勿洞市市长。他出任市长后，落实政治抱

---

①勿洞马来亚共产党历史文物馆提供。

②在今马来西亚霹雳州上霹雳县高乌镇辖区。

负贡献社会即开放市政建设，寻求平衡发展。他任市长期间，先后被委派到欧洲、中国、美国及加拿大等国家考察，这启发了他独特的思维观念，塑造了群众思想，使他更为积极进取。在市政建设、经济发展、文化组织、社会发展等方面，他计划长远且多元化，提倡"精明合作"的观念。在推进市政的发展中，陈进森能完全自如地运用中泰两国语言与文字，被称颂为独一无二的"中泰两通"的"华裔市长"。由于以克己奉献的精神投入市政工作所取得的卓越突出的表现，陈进森在1987年荣获泰皇御赐五级皇冠，1992年，荣获御赐四级皇冠，稍后再获御赐白象三级。1998年，陈进森荣获马来西亚霹雳州苏丹封赐A.M.P准拿督衔，2002年获封赐DAMP拿督勋章。①

目前，泰国勿洞市市长仍然是华人，他就是福建籍华人陈富祥。2021年3月28日当选为市长后，他正积极履行竞选宣言，即在多元文化基础上，服务人民、发展事业、建设城市。其他籍贯的华人，如客家籍华人、广肇籍华人、福建籍华人和潮州籍华人也在也拉府的各个地方议会担任参议员，发挥着积极的作用。

（二）社会自治管理体系：勿洞华人帮权结构下的五大主要方言群社团

与东南亚其他华人社会一样，勿洞华人社会有着五大主要方言群，即广西人、客家人、广府人、福建人和潮州人。此外，还有少数的海南人。据资料显示，勿洞华人社会的五大主要方言群在早期都建立了自己的社会组织，见表1。

表1　勿洞华人帮权结构：方言群社团

社团名称	建立的时间	方言群
八桂堂	前身为"八桂互助会"，成立于1973年	广西人（早期有少量客家人、福建人加入）
广西泰南会馆	1979年6月8日成立"勿洞泰国广西会馆"	广西人
福建会馆	前身为"鸣凤音乐社"，成立于1949年。1980年注册为"勿洞福建会馆"	福建人
客家会馆	1955年先倡议组织"勿洞客属联络办事处"，向泰国客属总会申请获批准为"泰国客属总会驻勿洞干事办事处"。至20世纪60年代因会员人数增加又改为"勿洞客属分会"，后在20世纪80年代改为"勿洞客家会馆"	客家人

①勿洞福建会馆编《勿洞福建会馆年刊》，勿洞福建会馆，2008，第12页。

（续表）

社团名称	建立的时间	方言群
潮州会馆	前身为"潮声乐社"，建立于1947年。1966年为"德教会紫虹阁"，至1982年申请注册为"互助会"，正式命名为"勿洞潮州会馆"	潮州人
广肇会馆	前身为"广肇音乐社"，成立于1967年。1975年正式注册为"广肇会馆"	广府人
慈善堂	建立于佛历2505，即1962年	五大主要方言群，即广西人、福建人、客家人、潮州人、广府人的最高组织

从以上的资料来看，勿洞的五大主要方言群各自所成立的社团（会馆）大致在20世纪50—80年代，其很多社团会馆的前身似乎都是以音乐社的名义进行的。据资料显示，其原因可能受到当时泰国一些政策的影响，如勿洞福建会馆的简介这样介绍道：

> 凡炎黄华胄，多关注群众文化传统精神，承传发扬光大，闽籍亦不例外，公元一九四七年，由当地名孚富商先贤陈汉诗等人召集团乡发起座谈会。当时顾虑环境，社团注册之问题所困扰，协商先成立"福建鸣凤音乐社"，兼南管古乐对，集率同乡于工作空闲时，娱乐消遣，并参加朝野活动，为同乡喜庆，丧礼义务服务。[1]

成立音乐社的原因，也为勿洞广肇会馆成立的缘由所证明。广肇会馆前身也被称为"勿洞广肇音乐社"，之所以先成立音乐社是"因鉴当年至法令，除各种宗教神庙及慈善福利之团体外，鲜有能获准注册为合法社团者，职是之故，特利用此娱乐组织作基础，而后再图良机，以达成为合法社团"。

在勿洞，当地的华人社会是一个帮权结构下的方言群社会，他们自己管理自己，如广西籍华人的管理机构有两个，即八桂堂和广西泰南会馆。福建籍华人的管理机构是福建会馆，潮州籍华人的管理机构是潮州会馆，客家籍华人的管理机构是客家会馆，广府籍华人的管理机构是广肇会馆。勿洞华人各方言

①黄淑雯：《福建鸣凤音乐社之创办》，福建会馆，2000，第34页。

群的会馆虽然成立的时间有先后，但宗旨似乎相同。如勿洞广西泰南会馆的宗旨：一是为团结乡情，并互相交换意见与知识；二是为提倡教育事业并谋求会员间福利；三是扶助谋求正当职业；四是与政府及其他会社、善堂机构、俱乐部等合作，以推广公益事业，以上各项都不涉及政治。

在这些不同籍贯华人会馆（社团）的上面，还有一个当地华人的最高管理机构，即勿洞慈善堂，这既是勿洞华人的一个神庙，又是一个勿洞华人社会的总部。慈善堂成立于1962年，由客家会馆、潮州会馆、广肇会馆、八桂堂、福建会馆五属会馆各选派7人，共35人组成理事会，理事30人，监事5人；理事长1人——每届理事长由五属会馆理事长年龄最高者先后轮流担任；副理事长4人，由其余四属理事长分担。勿洞慈善堂的宗旨为管理中华学校，管理祝八带义塚，设立佛堂，祭奉宋大峰公祖师、观世音娘娘、林姑娘、福德正神、哪吒等。

勿洞各华人方言群正是依靠这种地缘性的，以及血缘性、业缘性和神缘性等组织，构成了勿洞华人社会的运行机制。这种机制既体现在团结各方言群的乡情，又体现在处理华人内部的各种事务，其大到调解和处理华人内部的矛盾与纠纷，小到协助华人婚丧事宜的操办等。

（三）社会的语言与习俗：勿洞华人对原乡文化的坚守及传承

文化的传承与发展，是一个族群生存与持久的根基。在勿洞华人社会，各方言群仍保持着自己的方言，如客家籍华人讲客家话，广西籍华人讲广西话，福建籍华人讲福建话，广府籍华人讲广府话（粤语），而每个籍贯的华人多多少少都会讲不同的方言，勿洞华人与其他地区的华人一样，似乎是一个语言天才。除能讲不同的方言外，勿洞华人社会通行的语言（方言）为"白话（粤语）"，此外，勿洞华人社会还流行普通话。当一个外来华人游客，走进勿洞市的大街小巷，客家话、福建话、潮州话、广西话、白话和普通话会朝他扑面而来，他一点都不会感到陌生。

勿洞华人对方言的坚守及普通话的流行，可能是形成"族群文化孤岛"的重要因素。换句话说，勿洞华人各方言群之间保留着自己的方言，这实际上是保持自己的传统，这应该是形成"族群文化孤岛"的一个重要动力或推力。

在勿洞华人社会，华人各方言群之间不仅保留着自己的方言，还各自保存着较为完善的后事料理机制。在勿洞，人去世了怎么办？当地的华人有自己的一套系统，人去世后可以到公祠里或人寿互助社里去办理丧事。在勿洞华人社会，每个籍贯的华人都建立了自己的后事料理机构——公祠，如广西籍华人建立了"八桂公祠"和"报恩祠"，客家籍华人建立了"客家公祠"，福建籍华人建立了"福建公祠"，潮州籍华人建立了"潮州公祠"。

除公祠外，勿洞华人还建立了互助社，如"勿洞人寿互助社"，这些社团也是办理丧事的机构，此外，在勿洞还有华人的义山（义塚）。这些较为完善的后事料理机制，使当地的华人去世之后家人可以方便地为其去办理丧事，免去了后顾之忧。

不仅如此，勿洞华人社会还保持着传统的丧葬习俗。当地华人社会每逢有人去世，都会选择请"师公"做法前来念经超度，还会举行诸如传统的披麻戴孝和招魂等仪式。

据调查，丧葬仪式大都在公祠或互助社里面举行，一般都是三天。丧事仪式的举行不仅深化了主家亲戚之间的感情，拉近了主家与前来吊唁的华人之间的距离，也加强了他们之间的交流。亲人去世的时候，亲戚们都会尽力赶过来，丧葬仪式为平时不怎么有空联系的亲人们创造了更多的交流机会。另外，丧葬仪式举行的时候，勿洞华人社会各方言群都会派人参与其中，即使平时有这样或那样矛盾的人，也会到公祠或互助社尽尽心意，这也有助于一些矛盾的化解。从某种意义来看，丧葬仪式不仅成为亲人们宣泄情感的方式，也增强了家族间的凝聚力，强化了华人的认同感。同时，整个丧葬仪式过程好像是自然而然地进行的，不需要预先的教导，只需要跟着相关人员的脚步就行。一场仪式下来，对年青一代就是一个潜移默化的传统文化熏陶，其间有太多的中华文化的因子，有太多蕴含着中华文化的情境，通过这些，参与人员对丧葬仪式的认知进一步加深，而这样的认知也是对民族文化传承的重要体现。换句话说，通过丧葬仪式活动，华人社会积累的是知识，传承的是文化。

在泰国勿洞华人社会，当地华人的宗教及其信仰也是其维持族群边界的一个方面。从一般意义来讲，佛教、道教是华人宗教文化的主体，华人的民间宗教信仰则深深地嵌入其宗教结构之中。泰国勿洞华人信奉的民间宗教，不仅具有中华传统宗教文化的影子，也拥有自己鲜明的特色。从调查中发现，华人在庙宇和家宅祭祀的神灵大多是原乡神灵，构成了一种原乡特色的祭祀文化。而这些原乡的神灵又构成了方言群（帮群）的地缘祭祀圈。

在勿洞有一座慈善堂，它既是整个勿洞华人社会的最高机构，又是当地华人的主祭祀圈。在慈善堂，主要供奉着宋大峰祖师、观世音娘娘、林府娘娘

（林姑娘）^①、福德正神、哪吒等神灵，这些神祇大多出自原乡。

除慈善堂外，作为勿洞华人重要的崇拜场所的观音寺也供奉着许多原乡的神灵。观音寺位于泰国勿洞市区街道的主干道边上，即坐落在三岔路口的中间，这是原乡建庙的常规模式。一般认为，路口之处是各种鬼怪出没或必经之地，以神灵坐镇此地，便可以震慑邪气，收灭鬼怪。勿洞华人的观音寺建在此地段，便也寄托着当地华人社会对平安的祈愿。

勿洞观音寺建于泰国佛历2508年（1965年），重建于2009年。观音寺建筑分为四个主要的部分，分别为七层塔、哪吒神坛、主院和后院。在观音寺供奉着来自原乡的观音菩萨、关帝圣君、福德正神、玉皇大帝、孙悟空大圣、济公活佛、华佗仙师、天后圣母、红孩儿等神灵。

除勿洞慈善堂和观音寺有原乡的神灵外，福建会馆、潮州会馆和广西会馆都供奉着原乡的神灵。如福建会馆供奉着的主神有广泽尊王，次神为宋大峰祖师、林府娘娘（林姑娘）、清水祖师和妈祖娘娘。潮州会馆设有一间"德教紫虹阁"，供奉老子（道教的太上老君，即道德天尊），左右两侧奉祀柳春芳和杨筠松等师尊，还供奉玉皇天尊、关帝、吕祖。另外，还设有道济师尊（济公）和观世音，以及何玉琼仙师、田大元帅等这些来自原乡的神灵的供奉场所。在勿洞八桂堂，其会馆的顶层也设了一个供奉神灵的场所，其神龛中供奉着观音、关圣帝君和孔圣先师，以及天官和土地公。在广西籍华人的另一个社团，即勿洞泰国广西会馆，则供奉福禄寿三星，福禄寿三星也是原乡的神灵，它们起源于中国先民对远古星辰的自然崇拜，此三星属于道教神仙。

从调查来看，泰国勿洞华人的家户神灵信仰虽然赋予了一些在地化的色彩，但主要仍是以原乡神灵为主。勿洞华人家户中所信仰的神灵有天公、土地公、观音、关帝，以及祖先崇拜。在勿洞华人社会，有许多华人居民早上起来的第一件事，就是开门祭拜天公。祭拜天公后，就会祭拜土地公、观音或关公，而且一定不会忘记给祖先牌位上炷香。这种祭祀没有刻意性，似乎是"习惯性的"，表明了勿洞华人居民的祭祖习俗。

①林姑娘是泰国华人在当地再造的神祇，其原型是来自福建的林慈贞，传说她是泉州林道乾之妹。因母亲思念林道乾而独身一人前往泰国寻找兄长，因劝说兄长回国不成而在一棵树下自缢身亡。当地华侨为林慈贞的孝义节烈精神所感动，特为其建庙供奉，并尊称她为"林姑娘圣母"，简称"林姑娘"。

　　一些学者指出，"不同民族的饮食文化，包含着其特定的民族饮食记忆，而这些记忆和其民族的身份认同密不可分"。[①]在勿洞华人社会，虽然当地的华人已经在那里生活了将近百年的时间，但他们在饮食上似乎仍保持着原乡的传统习俗。每天早晨，勿洞市华人的餐馆里挤满了各种食客，他们在那里喝早茶，津津有味地品尝目前在广州、南宁和福州等地能吃到的各式各样的早点，如油炸鬼、虾饺、肠粉、叉烧等。

　　勿洞华人的饮食特征，既表现了饮食传统习俗的传承，又体现了其地域性特点。广西人和广府人的饮食较为常见，这说明广西文化和广府文化在勿洞的盛行。正如安德森总结的："作为族群特征标志的地方性食物被有意识的食用，这些食用方式成为地方主义的有趣内容。"[②]其实，勿洞华人的饮食原乡化特征体现了一整套包括植物识别、饮食调整和文化含义等地的地方性知识逻辑，勿洞华人通过原乡性的食物，与周边的其他族群相区别，形成了自我认同。换句话说，勿洞华人通过饮食加深了自己的文化认同，借饮食而形成"自我"和"他者"的区分。

三、结论

　　勿洞华人社会通过自身所具有的运行机制，以及所传承原乡的文化，形成了"族群文化孤岛"的特征。实际上，勿洞华人社会之所以成为"族群文化孤岛"，一是勿洞位于泰国的边缘，处于泰国最南端，其独特的地理空间构成了勿洞华人社会的封闭性；二是勿洞华人人数在早期是占绝大多数的，即使后来马来人和泰人的人数逐渐接近华人，但目前华人的人数仍然在总人口中占有较大的比例；三是无论在历史上还是在当代，华人的政治热情高涨，参政的意愿仍然较强，形成了其独特的政治运行体系；四是由于华人人数较多，且受方言群的区隔，又大多数人在市内开展经济活动，或者只在某些区域形成自己的经济领域，这造成华人较少与当地其他族群互动；五是勿洞华人虽然在此地生活了近百年，但对原乡文化仍然十分坚守，所有这些使得勿洞华人社会形成了一个"族群文化孤岛"。

①韦玮、陈志明：《食物的节律与认同：基于贵州荔波布依族的饮食人类学考察》，《西南民族大学学报（人文社科版）》2018年第3期。

②尤金·N. 安德森：《中国食物》，马孆、刘东译，江苏人民出版社，2003。

华人社团发展与帮权变化

——以文冬广西会馆为中心

段晓红^①

【摘要】东南亚华人社会根据方言、籍贯、职业等分成大大小小不同的帮派，帮是东南亚华人社会存在和发展的依托。马来西亚文冬华人社会存在"五大帮"：广东帮、福建帮、客家帮、海南帮、广西帮。文冬开埠之初，帮派斗争激烈，可以说，文冬广西会馆是文冬华人社会帮权斗争激烈的直接产物。它的成立反映了广西人当时在经济及政治势力上弱小，不得不抱团取暖，共同抵御外侮的客观情况，而它的发展壮大也反映了广西帮势力的不断壮大。在周、陈等几大家族的带领下，广西会馆不断扩展会务，在保护和扩大成员利益的同时，积极参与文冬华社在不同历史时期的共同行动。随着经济、政治及社会影响力的不断提升，广西帮逐渐成长为当今文冬华人社会最具实力的族群。而在这个过程中，帮内两大势力在权势角逐上不可避免地出现分歧和竞争，在当今新时代情景下，社团内部的党派之分又成为会馆发展及整个华社发展需要面对的命题。

【关键词】帮权；华人社团；文冬；广西会馆

一、绪言

如同整个东南亚华人社会，马来西亚华人社会亦是由各亚族群组成的，这些亚族群是因地域、方言、职业、血缘等的区分而形成的不同帮派。在马来半岛移民和开拓时期，在英殖民政府推行"分而治之"和"间接统治"的政策影响下，华人移民在帮派基础上建立了大大小小性质不同的社团和组织，并以这

---

①段晓红，山东莱芜人，国际移民学博士，广西民族大学民族学与社会学教师，研究方向：华侨华人，国际婚姻移民女性等。

些组织来巩固和发展本族群的势力，同时维系与其他族群的关系。

一般认为，华人社团、华文学校与华文报刊是马来西亚华人社会的三大支柱。华人社团研究历来是华人社会研究的重要议题，研究成果已相当丰富，但多集中在对其历史发展演变的脉络梳理及华团在政治、经济、文教等领域所体现出来的社会功能研究。这些学术成果参考价值较高，也不乏系统性，但缺少从微观角度，以"帮"与"帮权"这一华人社会最根本因素或变数来解析华人社团的产生和发展，也没有从一个综合的历史演变的角度来分析华人社团发展与帮权结构随时代前进的变化发展。

文冬（BENTONG）地处马来西亚彭亨州西部，森林密布，土地肥沃，是橡胶、榴梿等农作物的出产地。同时它处于彭亨产锡地带，盛产锡米，离吉隆坡约五十公里，与西海岸各地往来密切，是彭亨州内最早开辟的城镇之一。19世纪末20世纪初，来自雪兰莪的大矿商陆佑（广东鹤山人）联合中国清政府驻新加坡总领事张弼士（广东大埔客籍），以及驻槟城副领事谢春生（广东嘉应客籍）共同投资开发文冬，带动当地社会发展。在文冬市镇发展过程中，来自广东、广西、福建的华人大量涌入，由于语言、文化习俗、从事职业等的不同，各个籍贯的人分别形成了广东帮、客家帮、福建帮、广西帮、海南帮五个族群。

观察中国近现代史发现，相比福建人和广东人，广西人向东南亚移民的历史较晚，人数较少，在学界所受关注也较少。马来西亚彭亨州文冬市是海外广西人的最大聚集地，从其开埠到发展至今都与广西族群息息相关。在"五帮并立"的情景下，广西帮是如何发展成为文冬华人最大族群，五帮族群关系是如何影响了文冬华社的发展，值得关注和研究。文冬广西会馆是继新加坡三和会馆（1883年成立）之后海外广西人于1910年发起建立的第二个社团组织，也是文冬继中华商会（1909年）后成立的第一个地缘性质的华人社团。作为代表广西族群即广西帮利益的典型地缘性社团，文冬广西会馆的成立和发展象征着广西帮势力在文冬乃至马来西亚华人社会的发展变化。

笔者于2019年上半年在文冬进行了先后两个月的田野调查，对当地的社团闻人进行了深度访谈，这些人包括各社团领袖、社会评论家、当地记者及关心华社事业的年长者等，收集了大量关于文冬和文冬华人社团的一些照片、报纸、历史记录等第一手资料。通过这些文献资料和口述资料，本文试着围绕文冬广西会馆来探讨华人社团发展与帮权结构变化间的密切联系。

二、概念阐述

陈育崧最早提出华人社会"帮"或"帮权"的概念，他认为：新加坡华人社会的基本结构形态是操不同方言的华人群体的联合和对抗；各方言群借以凝聚个体的主要手段除方言外，还有职业安排、血缘关系和文化习俗等因素；各方言群中掌握了雄厚经济和政治资源的商绅是各方言群（即所谓的各帮）乃至整个新加坡华人社会权力的掌控者（1972）。[①]与之相似，林孝胜（1995）使用"帮权"和"帮权政治"以表征新加坡华人社会的权力来源和结构。林孝胜将新加坡的帮权政治分为福建、广、客、潮和琼帮，其中以福建帮最为强大，而其他帮则组成联合阵线予以抗衡。"帮并无成文章程，也无特定的组织形式，它以某些领袖人物和某个（或几个）同乡会馆为中心，靠约定俗成的规矩，控制同种方言的华侨（包括有关的会馆）"，但"其能量之大，对华侨社会的各种组织都有影响，甚至起支配作用"。[②]另外，麦留芳（1985）将方言视为对新加坡华人社会进行分类和认同的法则，指出方言群聚居的原因和基础，并反对将方言群视为华人社会分裂的根源，强调方言群绝非互不往来。[③]陈剑虹（2010）则在《槟榔屿潮州人史纲》中论述了19世纪潮州人的帮权结构与政治形态。潮州人建立万世安庙，成立槟榔屿义兴公司，会社通过虚拟的血缘关系，实现多种经济政治利益，进入广东帮领导层，不断扩大在槟城的势力，实现帮权政治的凝结。然而，槟榔屿华人社会常因和敌对秘密会社的互相仇视和械斗而陷入困境。在一系列的暴动和战争后，殖民当局开始限制并取缔秘密会社，华社开始寻求互相协调和整合的途径，共谋超越"帮"的团体以维护华人利益，帮权政治的矛盾走向缓和。[④]同时，张晓威（2007）在吉隆坡客家帮及广肇帮族群势力和帮权政治研究中也指出，吉隆坡客家帮和广肇帮在经济势

---

①陈荆合、陈育崧：《新加坡华文碑铭集录》，香港中文大学出版社，1972，第1—12页。

②林孝胜：《十九世纪新华社会的帮权政治》，载《石叻古迹》，新加坡南洋学会，1975，第1—38页。

③麦留芳：《方言群认同：早期星马华人的分类法则》，台北"中研院"民族研究所，1985，第117—148页。

④陈剑虹：《从金石碑文与官方档案管窥19世纪槟榔屿潮人的帮权结构与政治》，载黄挺主编《潮学研究》第十四辑，花城出版社，2008，第28—42页。

力上的此消彼长和领袖领导能力的差异导致了主导吉隆坡华社发展的势力的变化。①相对于以上学者的"帮权政治"论述，日本学者须山卓（Suyama Taku）提出"帮权经济"的看法来解释各帮的发展和关系，它的特征是方言群体（或地域）和职业（或行会）广泛而紧密地交织在一起，即海外华人各帮社会的职业，一般是取决于各帮原籍地的血缘和地缘关系。②以上学者从政治或经济方面对帮权结构与华社发展的关系进行了解析，这对本研究具有很高的参考价值。综合先行学者对"帮"与"帮权结构"的理解分析和文冬田野调查的发现，本文在对"帮"的概念界定上参考麦留芳先生以方言来界定的方法，即"帮"，它代表着一个方言族群，而"帮权结构"则意味着帮内部或帮系之间的组织结构及这种组织结构所带来的各族群在势力上的消长，帮系之间的对立竞争或妥协合作。

三、广西帮的形成

（一）从广西原乡至文冬的移民历程

广西人移居海外的原因有其特殊性与多样性。从地理位置来看，广西有梧州、玉林、钦州毗邻广东，又与越南接壤，自古以来也有本地区的出海港口，从陆路和海路上都具备了可以移居国外的交通条件，在向东南亚移民的过程中，虽没有闽越地区般有优越的地理优势，但还是比较方便的。而广东"过番风"的巨大影响也带动了广西人向东南亚移民。

鸦片战争之前，广西人多因政治原因而移居海外，且大多移居山水相连的越南，规模不大。19世纪后半期，广西和全国其他省份一样，阶级矛盾尖锐，民族危机严重，玉林、钦州、梧州地区最为突出。这三个地区地少人多，土地高度集中在地主阶级手中，绝大多数农民受地主残酷剥削，官府搜刮，民不聊生。另外，1877年至1907年，英法等国强迫清政府在广西开放4个通商口岸，设立领事馆，控制海关和西江内海航行权，大量洋货从各口岸和内河倾

---

①张晓威：《华人方言群的消长与帮权政治的发展：以十九世纪末的吉隆坡华人社会为探讨中心》，载郑文泉、傅向红编《粘合与张力：当代马来西亚华人族群内关系》，吉隆坡：新纪元学院马来西亚族群研究中心，2009，第23—38页。

②Taku Suyama, "Pang Societies and the Economy of Chinese Immigrants in Southeast Asia" in *Papers On Malayan History*, ed.K.G.Tregonning(Singapore：University of Malaya In Singapore，1962）.

销到广西，造成了小手工业者的大量破产，在这些经济因素加上随后的太平天国起义、黑旗军的抗争、陆川起义等战乱因素影响下，随着1893年清政府废除海禁，自由进出中国的合法化，广西人也踏着广东的"过番风"，通过港澳大量走向海外，这些来自桂东南地区的广西人大部分是通过"卖猪仔"的形式被运送到东南亚各国、非洲、北美洲的美国等地区。而20世纪初至抗日战争时期，出国人数猛增。桂东南地区除封建剥削、列强掠夺外，军阀混战和白色恐怖、天灾不断，人民苦不堪言。而此时的东南亚地区因矿场开采、橡胶种植等需要大量劳动力，在这种推拉力的作用下，桂东南下南洋谋生者如过江之鲫。其中，至1940年，留居马来西亚的广西人已达20万人，大部分人来自容县、北流、岑溪三县。[①]

随着人数的增多，广西籍侨民开始在海外建立自己的团体组织，1883年新加坡"三和会馆"成立，这是广西人在海外成立的第一个侨团。在之后的1910年、1927年、1929年，文冬广西会馆、雪兰莪广西会馆、金保广西会馆、玲珑广西会馆相继成立，这样，在抗日战争前，广西人在海外共建立了5间会馆。这些会馆以"联络乡情，团结互助"为宗旨，同时构建和推动侨乡和海外广西华侨社会的联系。

马来西亚彭亨州文冬是海外广西华人的最大聚集地，这些广西人多来自广西容县、北流、岑溪等地。经考察发现，来到马来西亚文冬的广西人大部分都经由香港辗转而来。[②]据文冬广西会馆考究，为逃避1874年的太平拉律战争及1880年的吉隆坡锡争，多批来自霹雳的太平、和丰、积莪营及吉隆坡的广西

[①] 赵和曼：《广西重点侨乡的形成和发展》，《八桂侨史》1991年第4期（总12期），第22—25页。

[②] 1860年10月，中英签订《北京条约》将华工出洋合法化推广到全国各通商口岸，英国等西方国家掀起的苦力贸易浪潮迅速蔓延中国东南沿海地区。新开埠的香港成为苦力贸易的主要集散地之一。英国等西方国家政府派来招揽华工出洋的移民代表，加上以英商为主的在港欧美商行及其华人客头、装运苦力的远洋船舶上的外籍船长等，构成推动香港与内地苦力贸易的官方协调力量和民间商业力量。他们将从华南沿海地区征募、诱拐而来的出洋苦力，经由香港，装运到东南亚以及美洲、澳洲和非洲等地。此外，到中国其他港口装运苦力的远洋船只，一般都会到香港备办远航所需要的食物、淡水、燃料及各种船用物资。这一切，都促使苦力贸易在19世纪中叶的香港兴旺起来。（莫世祥，《港澳苦力贸易与英葡论争》，《广东社会科学》2016年第2期，第81页。）

籍矿工（也包括客家等籍贯），沿着最初文冬马来人零星淘锡活动的运锡山路（据称也是彭亨军队出师助战的路线），经老古毛（当时叫师牙岳）、福隆港山隘（The Gap）进入劳勿，再到文冬山区的大盆地。①从文冬广西会馆碹禧纪念特刊中有关会馆发起人或重要代表人物的履历资料来看，有确切资料记载的最初一批文冬广西人大约在清朝末年的光绪二十年至光绪二十八年间（1894—1902）为谋生而来到文冬，其中有一批人在回乡探亲置业时又带动当地的乡邻来到文冬。如文冬广西会馆五十周年纪念特刊对发起人李利的履历叙述中说道：

> 李公年弱冠，于光绪二十八年间，由中国南渡本邦彭亨文冬，为担夫，矿工苦力工人。当时彭亨交通梗塞瘴气弥漫山间，蛇兽出没林中，李公等斩荆披棘，历尽艰险，为拓荒辟埠之先锋。四年以后微有积蓄，思亲心切，于光绪末年回里，乡中亲友探知外洋新天地，随李公再涉重洋而来者十余人，此乃来文冬之桂籍第二帮新客。迨民国后，风气渐开，乡人羡慕有外洋客汇洋银回里，辄成富翁，于是容北二县男女同乡蜂拥来文冬者日增。

（二）在文冬落地生根

文冬地处彭亨州与雪兰莪州交界处，为彭亨州陆路交通之发祥地，是吉隆坡进入东海岸的必经之地。这里森林密布，土地肥沃，历史上盛产锡米，也是重要的橡胶和棕榈产地。因此，前来文冬的中国移民多从事锡矿开采、胶园种植等工作，与其他省籍移民相比，大部分广西人从事这些以体力劳动为主的行业；其中一小部分人在锡矿和橡胶产业兴盛时期抓住机遇，投资商业领域，实现行业转变。像浦旺亨、周德馨、潘粹芝等人即成为锡矿产业、建筑业中的佼佼者，他们以自己的经济实力与当地马来政权的政治联系在文冬广西人中建立了较高的威信，也在日后文冬广西会馆的创建和发展中发挥了重要作用。由于广西人较广东、福建等省籍人南来较迟，且多集中于矿场或胶园作业。如此，随着南来文冬的广西人的增多，广西人渐渐形成自己的势力。

---

① 文冬华堂：《文冬华人大会堂百年特刊》，同悦工作室，2014，第62页。

四、文冬广西会馆的成立发展与帮权变化

（一）文冬广西会馆的建立与帮权

对于文冬广西人共同成立文冬广西会馆的原因，可从其会馆资料中窥探一二。1960年，时任广西会馆副会长的浦剑平在广西会馆五十周年纪念特刊上的《回忆与前瞻》中书写道：

> 尝闻文冬埠开辟初期，乡人即相率抵埠，致力于农工矿业，披荆斩棘，栉风沐雨，胼手胝足，营谋生计，时有相逢则桑麻共话，假期节日便会集联欢，怎奈埠上当时华族社会，畛域之见甚深，派系之争尤烈，恃强凌弱，间有所闻，致于乡人相惊伯有，甚难谋生之感，乡贤先辈为安居思危，而有组织乡团之议，故于清末经前贤陈瑞林，周业，李利，陈有，马贵山，周德馨，凌贤，罗生，梁英华，赵福记，李昌廷等公，暨先父其生公，先兄旺亨列位发起组织本会，以利乡人联络感情，团结互助，广行慈善公益为主旨。①

另外，在会馆五十年纪念特刊中对浦旺亨发起成立本会的过程叙述如下：

> 在逊清末年，埠上同乡全属劳工，常因生活或工作关系于人发生事故，有时殴斗，旺公为息事宁人及同乡福利挺身而出排解纷争，无何常遭外人白眼，故同乡间有思以团结图存之念，于一九零九年秋祭饭宴间，旺公发言谓：吾等居是间人数虽多，有如一盘散沙，因此常被欺凌，必须同乡间团结合作，要团结就要有聚会地点；故就此饮宴席上发起组织文冬广西会馆，以便集会有所。因此席上众人即踊跃认捐，公推旺公为领导，凌贤公为财政，李玉、周业、马贵山、浦其生、梁宝、赵福、李利、陈有、陈瑞林、周德馨、黄通等公为委员筹备组织会馆。翌年（一九一零年）由李玉君介绍承购陆佑街三十六号店铺价银一千七百元，先交定银七百元（有凌贤公垫交）及后兼筹兼负债方交割清楚；同时进行注册（为注册之事经过万分困难，事难尽录）当注册获准之日，漏夜赶制广西会馆四字招

---

① 文冬广西会馆：《广西会馆金喜纪念特刊》，文冬广西会馆，1961，第12页。

牌挂上，翌晨鸣炮，补行开幕礼。正式成立后，由旺公连任总理二年，三
届由周德馨公继任之，至八周年旺公不幸仙逝矣。（刘兴口述，浦武笔
记）①

由此可见，文冬广西人南来较迟，多从事体力劳动，虽人数较多，但经济
实力较弱，其他帮派畛域区分观念强烈，以众暴寡，以强凌弱，广西人深受其
欺凌。浦旺亨等人即在一次同乡聚会上发起成立广西会馆，随后购买会址，申
请注册，于1911年正式宣告成立。会馆以"利乡人联络感情，团结互助，广行
慈善公益"为主旨，团结乡人，抵御外侮。文冬开埠时期各帮群的互相倾轧、
斗争是文冬广西会馆成立的直接原因，而广西族群的壮大，在语言、职业等方
面的同质性是广西帮形成并组建社团的基本条件。广西会馆是继文冬中华商会
之后成立的第一个地缘性质的社团，它不同于文冬其他族群的地缘社团以原乡
行政单位为基础，由低一级单位向高一级单位，由小地区向大地区发展的特
点，即使在广西族群内有容县、北流、岑溪等地域区分的情况下，克服地区间
差异，以最高行政单位省作为集结的地缘基础，直接建立起首个能代表整个广
西人帮群利益的社团。这说明：第一，在语言、生活习俗、职业等方面，广西
帮群内部的地区差异不大；第二，比起广东、福建等帮群，广西帮群整体势力
较弱，需要从更大的范围内统合更多的人力、物力、财力才能与其他帮群相抗
衡。文冬广西会馆的成立使广西帮群扬眉吐气一番，馆内设有舞狮团，其成员
多体魄强健，有些武艺在身，在维护同乡利益方面出头露面。

（二）文冬广西会馆的发展与帮权变化

（1）从成立初期至1945年"二战"结束

文冬广西会馆成立初期，会员多为矿工，文化水平有限，且多为生计奔
走，在没有一个成文的会馆规则的情况下会务难以有序开展。从会馆历年大事
表来看，成立后的近三十年间，只有1921年新会所落成，1929年购入加叻处橡
胶园，1938年梁谭胜与周涤非共同推出本会第一部章程的三件大事的记载。后
又因日本占领马来西亚，在3年8个月的黑暗时期，会务不得不冻结，会馆被占
领，会馆资料也在这一时期被毁弃，直到日本投降，周涤非等人于战后筹备恢
复会务，文冬广西会馆才于1946年正式恢复运营。

---

① 文冬广西会馆：《广西会馆金喜纪念特刊》，文冬广西会馆，1961，第12页。

从整个马来西亚及文冬华人历史来看，从文冬开埠到"二战"后马来西亚光复文冬社会重建，广东帮和福建帮轮流扛起了引领华社发展的大旗。在20世纪20年代之前的锡矿业鼎盛时期，广东帮在人数和财富上远胜其他帮群，其中，广东帮侨领邓少民在英殖民政府和其他侨领的支持下创办文冬中华商会、文冬华人大会堂和启文学校。这反映了当时广东帮势力的强大，也能从中看出文冬华人社会开始由帮派斗争走向结社互助、重视教育。而从20世纪20年代开始，中国饱受天灾战乱，日本侵华并在1941年占领马来西亚，此时在南洋以从商（包括锡和橡胶等原产品买卖）为主的福建帮，在带动筹钱集资输送回中国大陆赈灾救亡方面，扮演了领导角色。在文冬，其代表人物即为在广东帮邓少民骤然去世后接过华堂领导大任的福建帮领袖陈炼。可以说，这段历史时期，福建帮靠雄厚的经济实力领导了援华抗日及战后文冬华社的再建。而此时的广西帮可以说势力弱小，在发展会馆会务方面犹自顾不暇，在支持中国抗日和自救方面只能起到对广帮和闽帮的辅助作用。

（2）紧急法令时期——和平稳定期（1946—1978）

1946年至1978年是广西会馆蓬勃发展的时期，也是广西帮势力迅速成长壮大的时期，这从三个方面可以看出来。第一，经济实力的提升。最初南来文冬的广西人多从事锡矿开采、橡胶种植等体力劳动，与早在文冬立足并从事除锡矿开采外多种商贸活动的广东帮、福建帮相比经济实力较弱，然亦不乏周氏、陈氏、潘氏等家族的发家崛起。在文冬华族内部畛域观念深刻，冲突较为严重的开埠初期，上述三大家族在经济领域的崛起提高了广西帮的士气，为广西帮势力的壮大打下了基础。而子承父业，几大家族财富的积累和延续又巩固和发展了他们在文冬的社会地位。事实证明，这几位广西帮巨头及其后代凭借他们在矿业和商业领域的经营经验和眼光为会馆产业置办和运营起到了根本性的推动作用，广西会馆之所以能成为今天文冬资产最富裕的社团离不开这些领袖的长远规划。购置第一处会所时因此欠下高利贷巨债，会所险些被拍卖，周德馨即以私款代会馆还清债务，帮助会馆渡过难关。之后在其子周涤非及陈生的领导下，会馆又重新置办会所，并先后两次买下相邻店面扩大会所面积并进行多次重修，而后又先后多次买下或置换胶园（加叻路胶园、都赖路胶园等），增加会馆资产。同时，开展会员附项运动，鼓励会员在会馆储蓄，紧急法令时期，会馆储蓄超过百万，名声大震。在坚实的经济基础上，广西会馆建成文冬首个福利院，这些无疑都显示了广西帮经济实力的提升。他们在对周氏兄弟周涤非和周涤奴的有关生平叙述中说：

> 与乃兄周涤非太平局绅合力经营德昌大宝号，生意兴隆，信誉昭著，为当年桂系从商者之翘首。后广置地产，投资胶园，并进军矿业各领域，眼观锐利，营利不靡，为一位著名成功的商家及实业家。[①]

第二，政治势力的强大。如同整个东南亚华人社会华人地位变迁规律所示，华人在当地经济实力的上升必然会带来其社会地位的上升。文冬广西帮周、陈、潘氏家族在家族经济影响力的基础上跃上政坛打开了广西帮在文冬甚至在整个马来西亚的政治天地，影响深远。据会馆资料来看，陈生于1950年被封为彭亨州太平局绅，会馆宴开180余席，有地方长官及本埠各社团代表，各州桂籍乡团代表前来祝贺，盛况空前，足以看出陈生在当时当地的影响力之大。而1957年福利院的建成和开幕更是广西会馆发展史上、广西帮壮大过程中浓墨重彩的一笔。首先，福利院用地及院内设施需重金购买，从1957年12月23日《星洲日报》第11版的报道看，除不足千元由社会热心人士捐助外，有六万五千元悉数由广西会馆通过会员"五元捐款运动"筹划所得，这从侧面反映了广西帮经济实力的提升及内部成员的团结；其次，福利院从初期策划时即得到"先后数位县长，彭亨州华民政务司，地方医院大医生"的帮忙赞助，而在其1957年建成开幕时，邀请了彭亨苏丹出席开幕式并剪彩，场面隆重。这说明广西会馆无论在经济实力上，还是政治地位上都已取得当时马来政权和英殖民政权的信赖和支持，"非独在文冬，即彭亨州亦属首创"，为文冬其他华人帮群所不可企及；最后，福利院从广行公益的宗旨出发，开放给各族群人士。从福利院开院到1960年的收容记载看，该院除收容桂籍会员外，还收容了众多桂籍非会员及广东高州、清远等籍贯的非会员人士，显然早已打破地域藩篱，以实际行动促进了华族内部帮群间的融合和团结。

另外，陈生之子陈声新，因家族与潘粹芝的姻亲关系，获前首相敦拉萨邀请从政，于1959年参选第一届全国大选，首度出征文冬国会选区即大获全胜，成为文冬建埠以来第一位国会议员，后也成为出自文冬的首位内阁成员。在周

[①] 文冬广西会馆：《文冬广西会馆七十五周年钻禧纪念特刊》，文冬广西会馆，1985，第160页。

家周涤非被封为彭享州太平局绅，周涤奴、杜辉廷、罗昭泉等广西人士相继出任地方议员的政治基础上，陈声新的内阁参政更打开了广西帮的政界版图。

第三，华社声望的提升。广西帮在文冬地位的提升有赖于其经济实力和政治势力的强大，也得益于桂籍重要公众人物在文冬华社内的声望，而这种声望多来自其对文冬整个华社在特殊时期的救助或公益慈善。陈生在"紧急法令"时期，为保释桂籍同乡的同时为文冬其他族群之人而奔走斡旋，在帮群隔阂还存在的情况下，这显然成为文冬整个华社所敬佩的大义之举，大大提升了广西帮在文冬的声望，整个广西帮也为此感到自豪。而周涤非领导广西会馆期间，经常欢迎政府机关和各社团借用会堂及台椅器具等，并容纳各籍人士留宿，开放福利院给各族群人士，始终践行广行公益的宗旨，始终宣扬博爱精神，希望联合各社团共谋地方福利，打破民族歧视和隔阂，这种远见也实为华族和其他族群所共勉。

为抵御马共武装斗争的威胁，英殖民政府于1948年6月宣布马来亚实施紧急法令，一直到1960年才解除。在这一法令下，20世纪40年代末至20世纪50年代初，几十万乡区华人被迫迁移至各个新村，文冬县内先后建立15个新村。被迫搬入新村的绝大多数是广府人、广西人和客家人，也就是广义上的广东帮。①为阻止英殖民政府对华人的迫害，为被驱赶至新村的同胞提供衣食住及医疗、教育方面的援助，广东帮侨领责无旁贷。因此，从整个文冬华社来看，紧急法令时期的广西帮虽然积极参与华社自救，但其力量还是代替不了广东帮，它只能依附在广东帮中进行活动，或者通过会馆实现对本帮群的保护或援助。但随着1957年马来西亚实现独立，紧急法令时期过去，整个马来西亚社会开始实现平稳发展，随着广西帮在马来西亚政界的崛起，文冬华人社会从此进入"陈声新时代"。

（3）会馆发展动荡期（1978—1997）

陈声新继周涤奴之后于1978年至1983年担任文冬广西会馆会长。他在位时期，会务似依旧以原来的方式开展，但实际上会馆内部已经出现了严重的问

---

①由于广东和广西在地理上相毗邻，民风民俗相近，在政治区划上，明代以来被统称为两广地区，并任命两广总督进行统一管辖。海南历来被称为儋州或琼州，1988年之前多归两广管辖。因此，由于地理、历史、文化、行政区划等原因，广西人、海南人、连同来自广东的客家人和广府人自然就形成了一个大概念的广东帮。

题，终于在1983年的10月，有15名会员联名呈函董事部，要求召开特别会员大会，以商榷解决1981年以来会馆入不敷出，挪用会员附项钱数万元及会务不振问题。而在此之前，已有超过半数的董事辞职，会员退会，有许多广西人选择加入高州会馆①参加社团活动。这次特别大会的召开成为挽救会馆危机、重新开展会务的契机，也是文冬广西会馆发展史上的一个重要里程碑。之后陈赞全领导会馆开源节流，克服财政危机，使会务恢复正常运作。但接下来在李振强、陈桂佑担任会长期间会务发展又出现波折，在产业受托人与会馆资产的买卖上，发生了假公济私问题，最终，李振强、陈桂佑先后被推翻，会务经过一番人事变动又重新回归正常运转。在杜辉廷会长的领导下，会馆在2003年实现重建。

从整个马来西亚华人社会来看，陈声新是大马华人政治史上一位重量级人物，在马华（"马来西亚华人公会"的简称）曾任全国副总会长和马青总团长，先后担任教育部副部长、房屋及地方政府部部长和卫生部部长，他是迄今文冬任期最长的国会议员，在位7届共30年。他更是文冬华社举足轻重的人物，他在文冬创造了长达30年的"陈声新时代"。他于1968年至1969年出任文冬中华商会会长，于20世纪七八十年代担任8届文冬华堂董事长。他的政治生涯是文冬广西帮政治势力的顶峰，他也和曾永森一起撑起了广西帮在马来西亚政坛的一片天空。在他之后参政并对文冬政局留下深远影响的是浦耀才，他于1974年在马华旗帜下当选州议员，并一连5届蝉联到1990年，后来又于2001年出任一届上议员。他在职期间，多走访基层，群众口碑极佳，在他之后的何启文及廖中莱在文冬的从政路线，也是延续其作风，可见其影响之深远。

这段时期是广西会馆发展的动荡期，几位领导人以公营私导致了会员退会，资产及会馆名声受损。所幸以陈瓒全、杜辉廷、罗昭泉等为首的改革派积极推动会馆人事变更与会务革新，挽救会馆危机。这从中也折射出广西会馆甚至整个文冬华团发展过程中的一些问题。首先，陈声新以其国会议员及内阁成员的影响力占据文冬各重要华团的要职，权力触角伸展甚广，却在社团管理上无实质性建设，坐吃山空，引发社团成员不满，这从文冬华人大会堂1974年周

---

①高州位于广东和广西的交界处，高州人在地域归属上比较含混。当广西会馆发展良好时，高州人也会加入广西会馆，而当广西会馆运转出现问题时，有许多广西人也会退出广西会馆而选择加入高州会馆。

启明等掀起改革风潮事件中也能看出。其次，营私舞弊的个人主义倾向不可避免。虽然这种势力被具有大局意识的改革派压制下去，但却反映了一种帮内利益争夺的现象。

（4）1998年至今

后期上任的李华泉、梁异光、李茂全跟进时代发展趋势，开展会务时，对内继续发展教育基金，传承原乡传统文化，促进文冬华族的团结；对外加强与广西原乡的联系，通过举办各种形式的文化教育交流活动，促进两地同乡的互访交流。他们也继承和发展了先贤领袖的会馆建设理念，又先后在扩大会馆资产上有所作为，如租借胶园给休闲度假公司收取租金，在关丹买下新产业等，在近期则又谋划会所的重新构建，在地价不断攀升的文冬市区，无疑又成为增加会馆收入的手笔。现今的广西会馆已成为文冬资产最多，经费最富裕的华人社团。

（5）会馆发展与帮群内部关系

如前所述，广西帮内部有容县、北流、岑溪等地域之分，相对来说，容县出身人数占大多数，但并没有因此形成个别地区派系，在会馆会务开展过程中也没有因地区出身不同而发生争端。会馆元老罗昭泉举例说，在援建容县中学时，北流人也积极支持，并没有出现"为何不在北流建校"等的质疑之声。但广西帮内周、陈两大家族势力之争却不可避免。从各届会长的任期来看，自1946年会馆恢复会务至1977年，周氏兄弟长期轮流执掌会馆实权，1961年周涤奴在会馆改选中胜出，直接结果是陈生带领一部分人成立了劳勿广西会馆。这从1961年4月7日《南洋商报》第14版面的报道中得到证实，为表彰陈生和杜辉廷为该会成立所做的大量筹备工作，首次会议分别推举二人为该会名誉会长和名誉顾问。而在陈生之子陈声新1959年起登上国会议员和内阁成员之座，其影响力和势力就开始同时支配文冬各个重要社团，于广西会馆则在1978年至1983年掌权后，因会馆重重问题和改革派掀起改选运动才下台，但其对广西会馆的影响力直至他突然去世。随着周、陈两家族因第二代人的相继卸任或离世，他们在广西会馆内的影响力逐渐消退，而20世纪八九十年代的改革风潮和人事变更也让广西帮内变天，在华人政党尤其是马华公会实施通过华人社团赢取选票的路线方针影响下，广西会馆也同文冬其他地缘、血缘、业缘社团一样被马华势力渗透影响，如今的领导层在一定程度上代表了马华公会对广西会馆的重要影响力。但在当今马来西亚华社分裂为支持民主行动党、马华公会等众多党派的形式下，会馆内部出现新的派别之争应在所难免。

五、结论

文冬开埠后，大量的广东人、客家人、福建人、海南人、广西人相继南来谋生，各族群因出身地域、语言、生活习俗、职业等的差异而各自结帮，在财富的争夺上势不两立，广西会馆的成立正是这种帮权斗争激烈的直接产物。它的成立也反映了广西人当时在经济实力及政治势力上的弱小，不得不抱团取暖，共同抵御外侮，而它的发展壮大也反映了广西帮势力的不断壮大。在周、陈等几大家族的带领下，广西会馆对内不断扩展会务，如置办和多次整修会所；购置多处胶园，增加会馆资产；发展会馆储蓄业务，服务同乡，又取得巨大经济声望；建立福利院；等等。而对外，充分调动与马来政权和英殖民政权的关系，周、陈两家在政坛的得势及社会威望也大大提高了广西帮的政治影响力。与此同时，随着其他帮的势力衰弱，帮群之间的藩篱也逐渐被打破，帮与帮之间走向融合。

广西会馆是文冬广西族群的代表性社团，它的发展离不开广西帮成员的协作，同时反映出广西帮内部族群关系。可以说，在周氏家族三代人和陈氏父子的努力推动和影响下，会馆业务才得以在坚实的人力、物力、财力基础上，突破重重困难波折得以发展，文冬广西帮的势力才由弱到强，成为文冬华社内部一股强大的力量。周、陈两大家族是广西帮的代表势力，他们在广西会馆发展过程中，在广西帮势力壮大过程中起到了举足轻重的作用，虽然两大势力在权势角逐上不可避免地出现分歧竞争，但所幸，两大家族依然以大局为重，轮流领导了会馆发展，壮大了广西帮的实力。但在威权时代退去，华人政党渗透华社的新时代，如何克服内部党派之争，一起直面种族政治的种种不公是文冬广西会馆及整个华社的时代命题。

参考文献

［1］麦留芳.方言群认同：早期星马华人的分类法则[M].台北：台北"中研院"民族研究所，1985.

［2］麦留芳.早期华人社会组织与星马城镇发展的模式：中国海洋发展史论文集（抽印本）[C].台北：台北"中研院"三民主义研究所，1984.

［3］陈育崧，陈荆合.新加坡华文碑铭集录[M].香港：香港中文大学出版

社，1972.

　　［4］林水檺，骆静山.马来西亚华人史[M].吉隆坡：马来西亚留台校友会联合总会，1984.

　　［5］刘崇汉.马来西亚华人社团概述[D].吉隆坡：马来西亚中华大会堂总会，1999.

　　［6］刘崇汉.彭亨华族史资料汇编[G].彭亨州：彭亨华团联合会，1992.

　　［7］吴龙云.遭遇帮群：槟城华人社会的跨帮组织研究[M].新加坡：新加坡国立大学中文系八方文化创作室，2009.

　　［8］陈剑虹.从金石碑文与官方档案管窥19世纪槟榔屿潮人的帮权结构与政治[J].潮学研究，2008（14）.

　　［9］石沧金.马来西亚华人社团研究[M].广州：暨南大学出版社，2013.

　　［10］黄贤强.客籍领事梁碧如与槟城华人社会的帮权政治：历史与社会经济[C].台北：台北"中研院"民族学研究所，2000.

　　［11］黄贤强.清末槟城副领事戴欣然与南洋华人方言群社会[J].华侨华人历史研究，2004（3）.

　　［12］李恩涵.东南亚华人史[M].台北：五南图书出版股份有限公司，2003.

　　［13］张晓威.华人方言群的消长与帮权政治的发展：以十九世纪末的吉隆坡华人社会为探讨中心[M]//郑文泉，傅向红.粘合与张力：当代马来西亚华人族群内关系.吉隆坡：马来西亚新纪元大学学院马来西亚族群研究中心，2009.

　　［14］雪森彭矿务公会.雪森彭矿务公会120年暨矿业史[G].雪兰莪：雪森彭矿务公会，2006.

　　［15］文冬华人大会堂.文冬华人大会堂100年纪念特刊[G].文冬：马来西亚文冬华人大会堂，2014.

中华文化在文莱华校中的传承与
中国国家形象塑造[①]

马莉莉[②]

【摘要】文莱是东南亚地区一个君主专制国家，推行同化主义政策。文莱华校是中华文化在文莱传承的重要媒介之一。近百年来，文莱华文教育从未被中断，中华文化也得以传承。在文莱与中国建交以后，尤其是在中国"一带一路"倡议提出后，文莱的华校与中国大陆高校和单位的联系更加紧密。本文基于教育人类学的视角，通过田野调查和文献，探讨了在"一带一路"视域下，文莱华校运用传承中华文化与中国高校和机构的联系，以及文莱华校在中国树立国家形象中的贡献。

【关键词】文莱；中华文化；华文学校；国家形象

引言

在东南亚华文教学研讨会开办以后，文莱本土华人对文莱华文教育与中华文化关系的研究逐渐增加。文莱中华中学校长许月兰认为，文莱华校的办学目的是由最初"教育华裔弟子"转向具有生存意义的"实用性"再转向重视"文化传承及其价值观"的过程；只有让整个华人社会各个阶层都有机会接触华文，并推广至其他族群，才是真正的发扬了中华文化。[③]国内对文莱华文教育的

---

① 本文为广西民族大学东盟学院文莱研究所资助项目，项目编号：BRI201903。

② 马莉莉，黑龙江哈尔滨人，广西民族大学2016级中国与东南亚文明专业硕士研究生，曾访学文莱大学，毕业后曾在广西民族大学东盟学院文莱研究所任研究助理。研究方向：文莱华文教育和文莱华人文化。

③ 许月兰：《文莱华文教育工作概况与发展前景》，载《第五届东南亚华文教学研讨会特辑》，马来西亚华校董事联合会总会出版局，2003，第14—15页。

研究学者多为我国外派到文莱华校做志愿者的老师，其研究多围绕文莱华校小学汉语语言教学，研究成果出自2000年以后，并多为硕士毕业论文。如陈硕的《文莱小学低年级华文教育策略调查研究——以文莱中华中学三年级华文教学为例》[1]、翟芙蓉的《文莱小学生汉语常用动量词偏误分析及教学对策》[2]和刘爽的《差异教学视角下的文莱小学华文教学设计——基于VAK学习风格模式》[3]等。2017年，国内有高校学生专门到文莱做田野调查，如马莉莉在《中华文化在文莱的传承与发展——以文莱中华中学为例》[4]中指出中华文化中的儒家思想和五伦观念符合文莱推行的"君主教育"，并认为华校是两国文化交流的重要桥梁之一。在"一带一路"倡议提出以后，国内开始涌现关于"一带一路"倡议与文莱的研究。杨绪明、宁佳静在《"一带一路"视域下文莱汉语传播现状及策略》[5]中指出经济合作、教育培训合作和政府合作是"一带一路"建设给文莱汉语传播带来的新机遇。

从现阶段的研究中可以发现，国内外学术界关于文莱华文教育的研究还处于初期阶段，研究力量较为薄弱。在此背景下，基于对文莱全部华校的田野调查，本文试从教育人类学的视角，对文莱华校在与中国高校和机构的互动中对树立中国国家形象中的贡献进行探讨，为学术界关于文莱的研究尽微薄之力。

一、文莱华文学校的基本概况

根据2017年文莱官方人口统计可知，文莱华人共43100人，约占总人口的10.23%。文莱共有四个行政区域（当地人称之为"县"），8所华校分布在四个行政区域当中。（详见表1）小学包含幼儿园教育，中学包含小学和幼儿园

---

①陈硕：《文莱小学低年级华文教学策略调查研究——以文莱中华中学三年级华文教学为例》，硕士学位论文，东北师范大学，2013。

②翟芙蓉：《文莱小学生汉语常用动量词的偏误分析及教学对策》，硕士学位论文，吉林大学，2016。

③刘爽：《差异教学视角下的文莱小学华文教学设计——基于VAK学习风格模式》，硕士学位论文，东北师范大学，2013。

④马莉莉：《中华文化在文莱的传承与发展——以文莱中华中学为例》，硕士毕业论文，广西民族大学，2019。

⑤杨绪明、宁家静：《"一带一路"视域下文莱汉语传播现状及策略》，《北华大学学报（社会科学版）》2019年5月第3期。

教育。

表1　文莱华文学校所在地区和成立时间表

行政区	小学	建校时间	中学	建校时间
文莱—穆阿拉区			文莱中华中学	1922
马来奕区	双溪岭中岭学校	1953	马来奕中华中学	1931
摩拉区	那威中华学校	1946	诗里亚中正中学	1938
都东区	都东中华学校	1937		
拉慕岭地区	九汀中华学校	1952		
淡布隆	淡布隆培育小学	1950		

　　19世纪末20世纪初，文莱发现并开采石油，吸引了大批华人定居文莱。1911年到1947年，华人占文莱总人口数的比率从3.4%增加到20.4%。[1]由于当时文莱国内教育水平较低，华人为了解决子女受教育和传承中华文化的问题，开始兴建华文学校。文莱华校是由私塾转变过来的。文莱第一所华校是1918年由甲必丹王文邦与林万金、林维武、尹亚佛等人一起筹商所建的"育才学校"。此所学校在1922年正式建校，并更名为文莱中华学校。1957年，该校更为现名——文莱中华中学，简称"文中"。文中是目前文莱历史最久、规模最大、师生人数最多、唯一一所地处文莱首都的华文学校，具有一定的代表性。马来奕区是文莱开采石油的重要地点，吸引了大量人口进入诗里亚（油城）和马来奕定居。在20世纪60年代，文莱65%的华人集中于马来奕县。[2]在马来奕地区成立的四所华校中，两所成立于"二战"以前，另外两所成立于"二战"以后。其中，诗里亚中正中学是全文莱最先成立中学部和高中部的华校。都东中华学校是都东区成立最早的华校。由于交通不便，"二战"以后都东区的九汀地区建立了九汀中华学校。目前，两所学校皆为小学。在地理位置上，淡布隆区位于文莱最东部，被马来西亚的林梦分隔成与文莱其他三个行程区不相邻的部分。但是，在华校建立等方面却与西部三区保持一致。

　　根据华人口述史得知，"二战"以前华校与当地政府相交甚好。在1963年，文中曾将新建的校舍租借给政府驻扎英军，直至1965年政府将校舍翻新并归还学校。[3]"二战"时期，华校被迫停课，"二战"结束以后，华校开始调

---

①饶尚东：《文莱华族会馆史论》，新加坡亚洲研究学会，1991，第33页。

②饶尚东：《落地生根——海外华人问题研究文集》，砂拉越华族文化协会，1995，第108页。

③文莱中华中学：《文莱中华中学2012年校刊》，文莱中华中学，2012，第62页。

整，并接受英属殖民者的统治。文莱独立前后，文莱华校受到了一系列的冲击。如1970年，文莱政府废除了对华校的津贴制度，华校陷入财政危机；1972年，文莱政府颁布了教育法令，虽未公开，但要求把私立小学转变为国民学校，八所华校联合抗议，最终华校得以保留，但是华校在华文课时、课程、教学语言等方面受到限制；1985年，华文不能再作为升学考试必考科目和语言。

华校生存危机在20世纪80年代才有所好转，当地政府开始深入了解华校，但并没有放松对华校的掌控，华人运用灵活的方式应对政府政策。以文中为例，1988年，文莱教育部部长丕显阿都拉曼和教育部副部长拿督哈志阿末及高级官员到文中巡视和访问，对学校的办学方针、学生纪律和学术成绩提出了赞扬。同年2月，教育局局长彭基兰哈森率十所政府中学的校长访问文中。1989年，政府实行校长本地化政策，要求华校的校长为黄登记的本地人[1]。教育部委派高级官员Hj Mustapha Shawal出任文中校长，并支付薪金。文中董事会开始准备和筹划培养本地华人校长。1994年，董事会派遣时任教务主任的许月兰到澳大利亚深造。1996年3月，许月兰硕士研究生毕业之后，返回母校担任副校长，后升职为代校长，最后在2000年9月担任校长，成为文中首位本地籍校友校长。2001年11月10日，现任苏丹哈吉·哈桑纳尔·博尔基亚首次巡视文中。2002年10月2日，现任苏丹到文中主持80周年校庆典礼。2007年，文中成为HSK（中文水平考试）在文莱的唯一考点。2009年，中国国务院侨务办公室评文中为首批"海外华文教育示范学校"。

从文中的发展历史可以看出，从20世纪90年代至今，华文学校在捍卫华文教育的过程中做出了不可磨灭的贡献。中华文化在文莱的传承经历过高峰也经历过低谷，但是从未中断。

二、中华文化在文莱华校中的传承

M.Apple指出，不能因为强调经济原因而忽视了文化和政治变迁的过程，尤其是在讨论蕴含着文化与政治权利关系的教育领域。[2]华社全力支持和帮助华

---

[1]黄登记指文莱黄色身份证件，一般为本地人。另有红色（永久居民）和绿色（普通外来务工人员）两种。

[2]Michael W.Apple，"Cultural and Economic Reproduction in American Education：Essays on Class，Ideology and the State"（eds.）(Boston：Routledge & Kegan Paul，1982).

校传承中华文化，而中华文化又潜移默化地影响着当地华人对文化和身份的认同。文莱华校通过与其他社会机构之间的互动在一定程度上凝聚了华人社会，丰富了华人活动。华校运用华文教学改革、活动创新、文体竞赛和表演展示等方法传承中华文化。

1.华文教学不断改革

华校的办学特色就是华文教学。早期华校为私塾，以文中为例，在育才学校成立以后，经过五年时间才建成了小学体系，采用当时中国内地的教材授课。后又引进新加坡、马来西亚等地的教材。根据我国学者调查，目前文莱华校主要使用三种教材，一是中国暨南大学华文学院组织出版的《中文》教材，二是新加坡教育部编写的《华文》系列教材，三是新加坡和中国人民教育出版社合编的《学华文step by step》。①文中在2010年前后与中国高校合作，引进了"图示五步识字"教学法和教材。后又结合本地语言使用情况，重新改编了华文教材。

1973年，文莱教育部要求华校小学增加英语和马来文的教学时长。1975年，初中除华文和历史外的其他科目采用英文课本。根据文中校友回忆："在我们读书的时候，学习的是中国的地理和历史，教材上面的语言都是中文。"②1985年，文莱全面实施英文和马来文的双语教学政策，华校坚持保留华文，但华文不做升学考试必考科目。华校学生的华文成绩不断下降，直至21世纪初期，许多华校中学毕业生出现无法阅读中文书籍和报刊的现象。针对华文学习，华校采取不同的教学改革。目前，华教改革最大、最具特色的是文中从中国引进的"图示五步识字"教学法。

2007年，文中成为文莱汉语水平考试（HSK）的唯一考点，并承办HSK培训。2019年，文莱共有627人参与此项考试，其中556人参加笔试，71人参加口试。③除文莱华校外，还有文莱教会学校和国际学校的学生，以及社会人士来参加。考生身份各不相同，年龄差距也很大，非华裔考生的人数持续增加。④

---

①文安东：《文莱华文教育现状调查研究——以马来奕中华中学为例》，硕士学位论文，陕西师范大学，2015，第17页。

②摘自2018年12月7日，笔者与文中校友（1974年高中毕业生）访谈记录。

③见《星洲日报（文莱版）》2019年10月17日，A4版。

④见《联合日报（文莱版）》2019年10月17日，B7版。

从文莱华校华文教学改革的历史中可以看出，华校在面临危机的时候以及时、灵活的转型应对文莱政府政策管控，做到张弛有度，才得以将华文传承至现状。

2.舞龙狮拜年筹款

由于文莱华校都是非营利教育机构，经费主要源自学生学费和社会人士的募捐。春节期间的舞龙、舞狮是重要的募捐手段之一。在1950年，文莱华校就有了农历新春挨家挨户舞狮筹款活动，这成为学校办学经费的主要来源之一。此活动在1986年被文莱政府禁止，1994年恢复。文莱政府明文规定，舞龙舞狮的时间为农历新年大年初一至初三，[①]地点限定为华人住宅、华人庙宇（腾云殿）、学校礼堂和组织室内礼堂等。目前，文莱华校中只有半数学校保留了舞狮队，其中仅有两所至三所学校还保留舞龙队。

文莱华校的舞龙舞狮筹款获得热心教育人士、家长及学生们的大力支持。在新春过后，瑞狮会到文中每一个班级拜年，主要是让在校学生了解中华文化。"我们给非华裔展示我们的文化和教授我们的母语，是希望他们不要反感华文和中华文化，在以后再次接触中华文化时可以有亲切感。"[②]在不断地努力下，文莱政府也逐渐包容和理解华人的民俗，如2002年3月，文中瑞狮团首次受邀到现任苏丹父皇理科学院呈现舞狮表演。

可以说，文莱华校是文莱华社和文莱国家人才培养的基地，被文莱社会所需要，被文莱苏丹认可，同时是文莱华人与当地居民、中文两国跨国文化交流中的重要载体。

3.《弟子规》品德教育

2010年，文中率先接受了文莱华人自发成立的《弟子规》教育机构的培训。《弟子规》教育机构每年为文莱八所华校举办为期三天的培训。文莱华校每年有三天的总体培训，五所华校轮流提供场地。培训围绕《弟子规》展开，教导学生有感恩心、责任心、家国情，树立正确的思想品德、孝顺父母、尊敬师长等。

4.举办各种中华文化活动

文莱华校除日常的华文教学外，主要通过举办各种活动和比赛为文莱华社

---

①注：通常年初一至年初三，遇到文莱节假日便往后延。

②摘自2018年2月17日，访谈记录。

提供一个热爱母语的环境，与此同时，激发各族群对学习华文的兴趣。文莱华社和华校都会举行一些有关中华文化的竞赛。例如，挥春比赛、全文莱华校硬笔书法比赛、文莱全国小学现场华文创作比赛、幼儿园庆新春活动、文莱华社新春联欢团拜活动、文莱华校查字典比赛、全文莱象棋公开赛和龙舟赛画廊展等。颁奖典礼通常会邀请中国驻文莱大使为获奖选手颁奖。

中华传统节日的庆祝活动也是文莱华校必不可少的文化教育内容。例如，在中秋节前后学校会组织学生、老师和家长制作花灯。文莱华人曾在苏丹的华诞，结合中秋习俗，为苏丹制作花灯庆生。

> 我上学的时候还是英国殖民时期，中秋节很有气氛。因为中秋节与苏丹的生日很近，我们就做灯笼为苏丹庆生。全文莱学校的学生都会去，政府学校、英校和华校，所有的学校都做灯笼、花车，还有乐队，政府部门也有花车和灯笼。独立以后，因为宗教关系，早晚是朝拜时间，不能有活动。现在学校还是会教学生做灯笼，马来人也做灯笼。以前我们用竹片做灯笼，现在用铁，纸要自己粘。①

尽管政治影响是塑造学校角色的重要因素，但包含宗教信仰、语言和传统习俗在内的诸如家庭、社区以及工作环境的"社会—文化"情境也是影响学校教育的因素。②目前，华人的中秋节改在腾云殿③和家中庆祝。腾云殿将中秋节、八月十五福德正神诞辰和八月二十二广泽尊王千秋宝诞结合在一起，共庆祝12天，④并邀请中国福建省厦门市翔安民间戏剧学校闽剧团到腾云殿演出。⑤华校学生所做的灯笼会在中秋节当晚展出，供游客前来观赏。待闽剧团的演出完毕以后，华人国会议员会为灯笼获奖选手颁发奖金。灯笼比赛分为小学组、

---

①摘自2018年10月26日，笔者与文中校友的访谈记录。校友1973年出生，是华人，后来嫁给马来人。如今，这位校友的两个孩子都在文中上学，且都非华裔。

②袁同凯：《教育人类学简论》，南开大学出版社，2013，第249页。

③这是文莱唯一一间公认的华人庙宇，主神为广泽尊王。

④2018年，腾云殿从9月24日（农历八月十五）庆祝到10月5日（农历八月二十二）。

⑤2018年，闽剧团的演出共10天，演出时间都是从傍晚到晚上。9月27日和10月4日晚，剧团需要休息，所以没有演出。

中学组和公开组，分别评选冠军、亚军和季军，共9名获奖选手。[①]

5.文莱华校积极与中国国内教育平台交流学习

Thomas和Elwyn指出，文化互动分析可以使研究者更深层次地理解文化对学校教育过程的影响。[②]在中文两国建交以后，文莱华校与中国大陆的联系逐渐增多。20世纪初，文莱华校与中国汉办、侨办，以及国内高校组织合作，到中国参加冬季和夏季的夏令营。例如，2000年，文莱三所华文中学的20名学生和5位老师参加了广州市人民政府侨务办公室主办的文莱华裔学生夏令营。

在"一带一路"倡议提出以后，双方合作的项目更加具有针对性，合作过程更加顺畅。诸多中国大陆教育团体和高校到文中做文化交流，并开始向文莱学生伸出橄榄枝。2017年，"中国华文教育名师亚洲巡讲团"到文中讲授关于绘本阅读、脸谱知识、国学与课堂习惯培养、古诗教学方法和团队心理辅导等课程。[③]2018年，山西省人民政府外事侨务办公室到文中举行为期六天的"2018华文教育·名师巡讲"活动，八所华校都有学生到文中一同学习书法、武术、民族舞蹈等传统艺术，以及剪纸、制作扇子和绘制海报等手工艺技法。2019年3月，中国的中山大学向文莱学生提供20个本科奖学金名额。[④]从这些活动可以看出，中国欢迎文莱华校进一步学习和发扬中华文化，希望文莱的学生在中华文化学习中受益，同时为文莱学生到中国学习提供渠道和机会。

文莱华校以文中为代表，积极参与中国组织的各种优秀培训、交流、会议和演出等活动。2018年，文莱共有11位华文教师受邀到中国辽宁师范大学"海外优秀华文教师"研习班进行为期10天的培训。参与培训的教师获得"海外华文教师优秀奖"和"海外华文教师贡献"等奖项。他们认识到"一带一路"倡

---

①参考了2018年9月24日，笔者参与观看腾云殿中秋节活动的记录。

②Elwyn R.Thomas，"Culture and Schooling：Building Bridges Between Research，praxis and professionalism，"(Chichester：Praxis and Professionalism，2000)，pp.30—31.

③参考《2017年华文教育名师亚洲巡讲团》（文莱中华中学陈天振图书馆藏书，2017年7月31日）。

④见《星洲日报（文莱版）》（2019年3月21日，A4版），《中山大学奖学金供申请》。

议的实施，加速了中国城市（大连）的发展。[1]

三、中华文化在文莱的传承与中国国家形象塑造

1.文莱华校展示了中华文化的丰富性、多元性和经济价值

华校具有民族特色的、丰富的课外活动，无时无刻不展示着中华文化丰富多彩的一面，向文莱乃至周边国家展示了中国历史底蕴深厚、文化多样和谐和文明大国的形象。

在文莱的国庆日、苏丹"与民同乐"和华校校庆等重要日子，文莱华校会向苏丹展示中华文化。2002年文中校庆，学生们手持国旗列队迎接时任苏丹的到访。当地华人穿着古代橘色服装，仿照中国古时皇帝出场时所用的仪仗队阵势，举着装饰有龙腾图案的仪仗扇和华盖等道具跟随苏丹身后一直到达文中的和平堂。文中在表演节目中向苏丹展示了金黄色瑞狮的踩桩表演，华人学生的扬琴、琵琶、二胡和大提琴等华乐表演，以及民族舞蹈和武术等表演。

随着中国经济的崛起，文莱社会逐渐认识到华文的重要性。在华校中的马来家长甚至主动提出要求华校在课余时间让学生讲华语。

2.华校展示了中华文化的包容性

文莱华校作为文莱教育体系中的一部分，在传承中华文化的同时需要更加注重文莱主流文化的传承才能受到当地的认可。从政府开始对华校教育改革以后，华校积极应对，用优秀的成绩证明华校不仅可以完成政府设立的各项指标，还可以将中华文化元素融入对学生的教育中去。在处理与当地主体民族和其他民族的关系问题上，华校的教师为学生讲解各民族文化差异，言传身教如何尊重其他民族。

华校的教育展示了中华民族是一个具有包容性的民族，在一定程度上为中国塑造了一个坚持和平发展、促进共同发展、为人类作出贡献的负责任的大国形象。

---

[1]《诗华日报（文莱版）》（2018年11月3日B3版）刊载了他们的文章。叶秀丽：《中文学习热席卷全球》；张清赋：《课程设计新颖》；杨惠珠：《感叹大连城市变化》；刘必娟：《教学课程实用 终身受益无穷》；孙愫勤：《教师知识要更新》；李凤和：《不是坐而论道 而是起而行之》；巫玲霞：《中华文化精髓令人印象深刻》；陈美兰：《获益良多 意犹未尽》。

3.华校展示了中华文化优秀的思想道德观

中华文化中的儒学思想和五伦观念对和谐社会建设具有促进作用，加之与"君主教育"相通，得到了文莱政府的认可。虽然在访谈中得知，教育机构并不认为《弟子规》是在传播中华文化，他们的初衷是为社会培养良好的公民。但是，《弟子规》的推广确实产生了一定的文化传播效果。

四、总结

文莱华人的国家认同、身份认同和文化认同与东南亚其他国家的华人相似，但也已经发生了改变。文莱华校传播中华文化的目的并非为中国塑造国家形象，而是通过自身的语言和文化等方面的优势进而拓展自身的视野，增强华人对中华文化的认同感，提高华校和华族自身的社会地位，为文莱培养具有全球视野的全方位人才，发挥其社会功能。但是，在中国经济的发展和中文两国建交的环境下，文莱华校传承中华文化一定意义上为中国塑造了正面的国家形象。文莱没有孔子学院，华校可以看作帮助中国塑造中国形象的媒介之一。

文中的成绩受到中国政府的肯定与支持，中国媒体承认文中对华文教育发展弘扬中华传统道德和中华文化艺术方面的贡献。随着中国"一带一路"的建设和发展，中国与文莱关系会越来越密切。文莱华文学校是中文两国沟通桥梁的一部分，在未来中文两国的交往中还会继续扮演重要的角色。如何与当地华校建立共同利益关系，是值得学术界思考的问题。

参考文献

［1］许月兰.文莱华文教育工作概况与发展前景[C]//第五届东南亚华文教学研讨会特辑.吉隆坡：马来西亚华校董事联合会总会出版局.2003：14-15.

［2］陈硕.文莱小学低年级华文教学策略调查研究——以文莱中华中学三年级华文教学为例[D].长春：东北师范大学，2013.

［3］翟芙蓉.文莱小学生汉语常用动量词的偏误分析及教学对策[D].长春：吉林大学，2016.

［4］刘爽.差异教学视角下的文莱小学华文教学设计——基于VAK学习风格模式[D].长春：东北师范大学，2013.

［5］文安东.文莱华文教育现状调查研究——以马来奕中华中学为例[D].西安：陕西师范大学，2015：17.

［6］马莉莉.中华文化在文莱的传承与发展——以文莱中华中学为例[D].南宁：广西民族大学，2019.

［7］杨绪明，宁家静."一带一路"视域下文莱汉语传播现状及策略[J].吉林：北华大学学报（社会科学版），2019（3）.

［8］饶尚东.落地生根——海外华人问题研究文集[M].诗巫：砂拉越华族文化协会，1995：108.

［9］饶尚东.文莱华族会馆史论[M].新加坡：新加坡亚洲研究学会，1991：33.

［10］《文莱中华中学2012年校刊》，2012年.

［11］袁同凯.教育人类学简论[M].天津：南开大学出版社，2013.

［12］文莱中华中学.2017年"华文教育名师亚洲巡讲团"活动记录，文莱中华中学，2017年7月31日，文莱中华中学陈天振图书馆藏.

二、经 济

柬埔寨华商的历史演变及其特征[①]

陈俊源[②]

【摘要】探讨柬埔寨华商的历史演变，有助于我们从总体上把握柬埔寨华商如何从历史走向未来，以及柬埔寨华人经济的发展过程及其特征。从整体上看，柬埔寨华人经济的发展经历了一条起伏悬殊的陵谷道路，且深受当地国政治环境、经济政策和社会文化的影响，到现在，已经出现了不同于传统经济活动的新特征。依据柬埔寨政权变更与华人经济发展的关系，本文将柬埔寨华商的经济活动划分为四个阶段，即1863年以前、1863年至1970年、1970年至1989年、1990年至今。

【关键词】柬埔寨；华商；经济活动；历史演变

20世纪中叶，中国台北华侨志编纂委员会出版了《柬埔寨华侨志》一书，辟专章节简要介绍了1959年以前柬埔寨华侨经济概况、行业类别统计、各省华侨工商业之调查以及柬埔寨建国初期的华侨经济动态，认为"实则华侨促进柬埔寨繁荣，已有数百年历史，华侨之经济地位，早成为柬埔寨社会之重要支柱。华侨经营之事业也遭遇困难，柬境民生亦深受影响。故柬政府当局，倘欲造福民生必须善于运用华侨之经济力量，以及放宽华侨经营事业之限制，使每一华侨都能安心其事业，则对于柬埔寨社会经济之复兴，定能大有贡献。而柬埔寨国家之繁荣，前途当可预测也"。[③]到了20世纪80年代中期，中国台北华侨协会总会理事长兼主编人高信编写了《高棉华侨概况》一书，在第五章中也简

---

① 本文为国家社科基金重大项目《世界华商通史》（批准号：17ZDA228）子课题《亚洲华商通史》成果之一。

② 陈俊源，男，广西民族大学东南亚语言文化学院外国语言文学专业博士研究生，海南外国语职业学院东语系柬埔寨语助教，研究方向：柬埔寨语言文学、文化及国情。

③ 华侨志编纂委员会：《柬埔寨华侨志》，华侨志编纂委员会，1959。

要介绍了柬埔寨华侨经营的商业、工业、渔业以及中柬贸易的大致情况。以上两本书都简洁陈述了柬埔寨华侨经济的相关情况，为后人能够进一步深入研究柬埔寨华商和华人经济奠定了史学基础。然而随着时代的变迁，有许多内容已无法解释当今柬埔寨华商的具体情况及其发展特征。

进入21世纪，学者对于柬埔寨华商及华人经济的研究成果日益增多。关于柬埔寨华商的研究，徐名文和沈建华（2008）撰写的《柬埔寨潮商简史》一文，回顾了潮汕人移居柬埔寨的过程以及在当地的经济活动，并列举了许多华商的创业史和爱国情怀。庄土（2011）所著的《华侨华人经济资源研究：以华商资产估算为重点》一书用大量翔实的资料对东南亚的华商资产进行估算，其中第七节对柬埔寨的华商资产进行了估算，分析了华人大型企业资产、华人中小型企业资产以及外来华商资产情况，文中运用大量年鉴数据，并对数据进行统计总结分析，学术价值巨大。①

关于柬埔寨华人经济的研究，戴小峰（2003）的《全球化时代的柬埔寨华人经济》一文首先概述了柬埔寨华人经济的基本情况，接着花了大量的笔墨分析了柬埔寨华人在应对全球化挑战方面的有利条件和不利条件，最后展望了柬埔寨华人经济的发展道路。②高斌（2003）《1980年代末以来柬埔寨华人经济地位的发展变化》一文指出，柬埔寨华商在政府的支持下，以强有力的华人社团和华文教育为依托，使其经贸活动有着得天独厚的比较优势。华商在柬埔寨投资规模日益扩大，这既包括了柬埔寨本土华人经济的复兴，也涵盖了中国海外经贸网络在柬埔寨境内的延伸。③温北炎在2003年也撰文论述了柬埔寨政治经济的发展与华人经济的关系，并指出在21世纪后，柬埔寨处于32年来政治最稳定、经济较快发展的时期，以洪森为总理和拉那烈为议长的柬埔寨积极进行重大改革，发展经济，消除贫困，华人经济也因此获得恢复和发展。④《福建侨报（海外版）》的一篇文章《在柬埔寨淘金的中国人：依附中国市场游刃有余》分析华人在柬埔寨经商有着得天独厚的优势，特别是在旅游业、棕糖业方面可以大显身手，中国企业可以利用柬

---

① 庄国土：《华侨华人经济资源研究：以华商资产估算为重点》，国务院侨务办公室政法司编印，2011，第291页。

② 戴小峰：《全球化时代的柬埔寨华人经济》，《八桂侨刊》2003年第5期。

③ 高斌：《1980年代末以来柬埔寨华人经济地位的发展变化》，《南洋问题研究》2003年第2期。

④ 温北炎：《柬埔寨政治经济发展与华人经济》，《东南亚研究》2003年第3期。

埔寨中国商会这一渠道到柬埔寨投资办厂。[①]王萌（2018）的《华人族裔对柬埔寨社会经济的影响》一文认为，柬埔寨华人在社会各个阶层都引领着柬埔寨的商业，在维持柬埔寨的经济活力和繁荣方面发挥着关键的作用。[②]

国外学者对柬埔寨华商和华人经济的研究也有一些观点。法国地理学家让·德尔韦尔在1961年发表了一篇有关柬埔寨农民的重要论文，他在总结对农民社会的论述时说到，柬埔寨的农民是一个商业上受华人控制，生活水准低下的小自耕农平民社会。[③]新西兰坎特伯雷大学教授维·伊·威尔莫特（W.E.Willmott）著有《柬埔寨的华人》，为研究柬埔寨华侨华人的经典著作，书中提到柬埔寨华人约有90%从事于商业，而全柬从事商业的人口中有92%是华人。在商业部门中，95%的商人是华人。同时，大多数住在农村的华人都不从事农业，因为他们绝大多数是商人，他们向高棉农民购买大米，将城市的商品卖给他们，还向他们放高利贷。[④]日本学者野泽知弘（2013）的《柬埔寨的华人社会——关于新华侨社会动态的考察》一文，分析了柬埔寨中国商会、柬埔寨中国港澳侨商总会以及柬埔寨台商协会这几个新华侨社团的作用，并就加入各会的会员企业所从事的主要领域进行翔实的分析。[⑤]

一、1863年以前柬埔寨华商的经济活动

国内有学者认为，最早移居柬埔寨的华侨华人社群可以追溯至公元十三世纪中期。[⑥]在宋元时期，中国与柬埔寨海上交通便利，两国贸易与人员往来十分频繁，中国东南沿海地区的人民开始逐渐移居柬埔寨，成为当地的华侨。周达观著的《真腊风土记》对此有相关的记载，书中写道："余乡人薛氏，居番

---

①《在柬埔寨淘金的中国人：依附中国市场游刃有余》，《福建侨报（海外版）》，2006年4月17日。

②王萌：《华人族裔对柬埔寨社会经济的影响》，《品牌研究》2018年11月第6期。

③维·伊·威尔莫特：《柬埔寨的华人》，《东南亚研究》1981年第12卷第1期。

④同③。

⑤野泽知弘：《柬埔寨的华人社会——关于新华侨社会动态的考察》，《南洋资料译丛》2013年第1期。

⑥王士录：《柬埔寨华侨华人的历史与现状》，《华侨华人历史研究》2002年第4期。

三十五年矣。"①薛氏在柬埔寨居住了三十五年，并且与日常仅有贸易往来的客商有所不同，他们属于移居柬埔寨的华侨了。书中还写道："唐人之为水手者，利其国中不着衣裳，且米粮易求，妇女易得，房屋易办，器用易足，买卖易为，往往皆逃逸于彼"。②在这样得天独厚的生存环境下，华人移民漂洋过海来到柬埔寨，其数量远超历朝历代，不仅促进了当地经济的发展与繁荣，也增进了两国间的文化交流。15世纪，曾经在中南半岛辉煌一时的吴哥王朝逐渐衰落，在蓬黑阿·亚特国王时期，都城被邻国暹罗攻陷后，被迫迁都至金边。从吴哥迁都金边，地理和行政中心的转变意味着柬埔寨从深居内陆、依靠自给自足的农业经济，向依靠世界市场和海外贸易的深刻转型。③中国华侨华人研究所罗杨副研究员认为，这一时期正是柬埔寨华人社会形成的关键点，17世纪成书的张燮《东西洋考》中有专门章节介绍柬埔寨："篱木州（一说为金边），以木为城，是华人客寓处""市道甚平，不犯司献之禁，间有颐者，则熟地华人自为戎首也"，④当时金边的华人社会已经形成。在元明两朝中国与东南亚交通迅速发展以及海上贸易扩张的影响下，华人大量移居柬埔寨，进一步推动了当地从自给自足的农业经济逐步转向发展海洋贸易。

有资料显示，最早到达柬埔寨且有名有姓的华商是林道乾，祖籍汕头市湾头镇，曾经是潮汕地区的一名小官吏，后来聚众从事走私生意，发展成为武装商旅集团的领袖人物。在嘉靖、万历年间，纵横海上三十余年，与官军发生了多次战争，所到之处有安南（今越南）、真腊（今柬埔寨）、暹罗（今泰国）、吕宋（今菲律宾）等地。虽然林道乾最终没有在柬埔寨定居，但是跟随他漂泊来到柬埔寨的潮汕人，应该是柬埔寨最早的华人移民。⑤

明末清初，郑成功海上贸易的范围拓展到东南亚各地，包括越南、柬埔寨、泰国、马来西亚、印尼等国。随着郑成功船舶频繁地来往于南洋各国，并且不断发展对外贸易，促使中国东南沿海居民一批批地移居柬埔寨等国，其中不少潮汕人乘坐了郑氏提供的船只远赴南洋。在清朝政府"先剿后抚"收复台

① 周达观：《真腊风土记》，夏鼎校注，中华书局，1981年，第178页。

② 周达观：《真腊风土记校注·流寓条》，中华书局，2000年。

③ 大卫·钱德勒，《柬埔寨史》，许亮译，中国大百科全书出版社，2013年。

④ 张燮著，《东西洋考》，谢方校注，中华书局，2000年。

⑤ 徐名文、沈建华：《柬埔寨潮商简史》，《潮商》2008年第1期。

湾时，有不少反清志士离开台湾，移居东南亚各国，其中也有一批潮汕人来到了柬埔寨。①

清朝人入关统治中国后，在民族和阶级双重大山的压迫下，加之国内战火缭绕，有不少居住在东南沿海地区的明朝遗民纷纷逃至越南、柬埔寨等国，也包括明末抗清志士。清朝初年，为了断开东南沿海与中国台湾的联系，清政府实施"斥地迁界"，实行海禁政策，但仍有不少反清志士和大批闽粤贫民冒险出洋，前往柬埔寨等国定居，路线大多数是沿着广东和广西海岸出发。②清政府实行的海禁政策一直持续到康熙皇帝二十三年，即在1684年收复台湾后才被下令解除，允许包括柬埔寨在内的海外华商开展对外贸易。可以说，在清朝时代，移民东柬埔寨的潮汕人为数最多，持续最久的是乘坐红头船出洋的"番客"。③

对于最初来到柬埔寨的华侨，可以从一些资料来寻觅他们的经济生活状况，《柬埔寨华侨志》一书中记载道：

> 华侨素重乡情，柬埔寨侨胞也不例外，昔日华人（新客）抵埠时，每获其同乡协助与指导，有一技之长者正不愁无事可为，能刻苦耐劳者，也不患无业存身；如果与华侨有亲戚关系，更能获得其经济扶助，借资金开设商店，务使新来者，获有发展基础，方能了却一重心事。

> 中国人凭借乡谊或亲情，陆续到达柬境，从市镇推展至郊区，彼等集结之处，随即出现市场；市场周围附近，旋有若干商店设立，而经营商店之人，十有八九均属华侨，使原为荒芜之区，不久即成为一新兴市场。今日柬埔寨之有如许市镇，且相当繁荣，不能谓非华侨创立之功。

> 和善而诚实，乃一般华侨之传统德性。彼等克勤克俭以经营其经济事业，与土人能和谐共处。各处开设零售店，向例对土人赊出各种日用必需品，待其收入有着，再行偿还；而在乡镇开设之山巴土产杂货店，对于在山林间采取药材、蜜蜡、伐木和捕蛇之土人，又能提前贷与款项，以供其伙食之日用，一待他们有所收获，将产物交来之时，始结价清算，彼此和

---

① 徐名文、沈建华：《柬埔寨潮商简史》，《潮商》2008年第1期。
② 同上。
③ 同上。

平交易，绝无争执。以此互助合作，不仅土人感到便利，而华侨本身之事业，亦因此而发荣滋长。[①]

二、1863—1970年柬埔寨华商的经济活动

柬埔寨沦为法国的殖民地和保护国后，法国当局放宽政策，对华侨移居柬埔寨表示欢迎，以期解决开辟橡胶和胡椒种植园劳动力不足的问题，华侨人数乃得逐年增加，1890年总人数已达十三万。[②]同时，法国殖民统治柬埔寨后，面对陌生的社会环境与高棉文化，不得不采用买办制度，以当地华商作为中介，利用华商掌握的全面、直接的市场网络，并根据华商提供的行业行情，告诉法国人应当进口什么货物，然后通过华商关系网络把这些货物分发和销售到柬埔寨境内各地。因此，这一时期的柬埔寨华商起到了沟通西方外来者与高棉人的桥梁作用。当然，法国殖民者采取这种制度，也是有其缘由的，因为传统上是华商充当柬埔寨社会中上层王室贵族与底层民众的中介：一方面，华商从生活在村落中的高棉人手中收购农产品，为王室贵族提供奢侈品；另一方面，他们替王室贵族收税、代办经商等，为农民提供必要或急需的贷款。此外，大多数华侨来到柬埔寨后，通常聚居在一起，与当地高棉人和谐相处，很少发生激烈的矛盾。1959年，由中国台北华侨志编纂委员会编写的《柬埔寨华侨志》一书中这样记载道：

> 柬埔寨成为法国之保护国后，大宗物产之输出输入，虽多由法国人经营，但法人对于华侨诚实之品格，灵敏之头脑，具有深刻之印象，彼等又感觉与土人直接交易，不经华侨作桥梁，不容易顺利成就，于是中介商一事业，又落在我华侨之身。不过华侨不但未有利用其力量以压制他人，而百年来，与土人一直是在互助互利原则下，共图生存。华侨在柬埔寨从事商业之外，对于工业，亦能适应环境之需要而经营。创立的工业，以制白糖、织造、鞋、制皮、洋镯、肥皂、陶瓷、粉丝与汽水等最著成绩。此外经营渔业，种植胡椒，创制海盐等等。华侨对当地经济之发展，确有相

---

① 华侨志编纂委员会：《柬埔寨华侨志》，华侨志编纂委员会，1959年。

② 王士录：《柬埔寨华侨华人的历史与现状》，《华侨华人历史研究》2002年第4期。

当贡献。但在今日，大多数华侨仍习于辛劳，凭借手脑，度其刻苦生活；虽有少数人，获得较多之财富，亦无非多年汗水与心血之结晶。彼等生于斯，食于斯，视居留地宛若自己家乡，彼等创下之经济事业，与柬埔寨之经济事业已是融成一片，与当地社会安宁人民生活更是息息相关，故其成败荣枯，与居留地同一命运。

中华民国时期，尤其是之后的抗日战争时期，中国人举家南来者络绎不绝，且多就地婚娶，生男育女。[①]至于移民原因，有多种说法，结合目前国内学者以及笔者在柬埔寨首都金边市、实居省、干丹省等多地的田野调查，不外乎三个方面的原因：第一，在解放前，中国东南沿海地区尤其是闽粤地区民不聊生，地主的重租盘剥、土地纷争现象时常发生，人民过着穷困潦倒的生活，于是出现一批又一批移居柬埔寨的华侨，他们希冀在异国他乡开辟属于自己的一片天空；第二，民国时期，许多中国人为了逃避征兵，移居南洋各国；第三，在亲帮邻带的作用下，与亲朋好友一起坐船漂洋过海到达柬埔寨。[②]最初到柬埔寨的华侨，大多是不识字的农民、渔民及小手工业者，社会资本的力量还很弱，因此这些华侨有的在市镇或乡村从事诸如行商或乡村店主之类的职业，比如在高棉人的村落里，流行这样一种说法：早期到柬埔寨垦殖的中国人是"都真"（柬埔寨语音译），"都"是"去"的意思，"真"是指中国，其含义是去中国人那里买东西。[③]有的在亲朋好友（"水客"）的介绍下继续在法国当局或商人创办的工厂或种植园工作，他们又被称为"华工"。有的暂时借住在亲人或朋友家里，共同在当地垦殖与开发，等到有了自给自足的能力，他们便会独立生活。

"二战"后，柬埔寨人民从日本侵略者手中夺回了政权。但是好景不长，法国殖民者又乘机卷土重来，开始了新一轮的殖民统治。与以往相似，为了解决国内劳动力不足的问题，法国当局依然放宽了对华侨移居柬埔寨的政策。[④]在

---

① 华侨志编纂委员会：《柬埔寨华侨志》，华侨志编纂委员会，1959。

② 陈俊源：《传承与变迁：柬埔寨狮子桥村土生华人研究》，硕士学位论文，广西民族大学，2018。

③ 郑一省，陈俊源：《柬埔寨土生华人婚俗探析——以实居省狮子桥村为例》，《广西民族大学学报》（哲学社会学版）2017年第4期。

④ 同②。

祖国家乡的"推"和移居国的"拉"背景下，柬埔寨又出现了新一轮移民潮，华侨人数激增。他们大多来自福建、广东等中国东南沿海各省，按方言和地缘分为福建、潮州、客家、广肇、海南五大群体。[①]经过许多年的奋斗，柬埔寨华人华侨逐渐积累了一些资本，开始以独资或合营的方式在当地创办工厂，并且通过"水客"关系把家乡的亲朋好友介绍到工厂工作。2016年春节期间，笔者曾在磅士卑省进行了实地调研，发现在实居省与干丹省的交界处，即在原来的吴哥美德雷市场附近，有一家由潮汕华人合营的码头酒厂公司需要大量的中国劳工，而且这家酒厂公司经常把生产出来的白酒经实居省、干丹省、茶胶省等地运送到越南的出口港西贡，再由西贡出口到其他地区，因此多数访谈者断言，很可能运送白酒的人就是所谓的"水客"，把他们家乡的亲人和朋友介绍到这家酒厂公司工作。[②]这些新华侨到达柬埔寨后，依然充当着"华工"的角色，在暂没有资金从事商业活动时，他们只能选择在码头酒厂公司务工，从事的工作有维修、看炉、炒米、酿酒、装酒、运输等。

柬埔寨在1953年取得完全独立，当时正处于民族国家建构和经济复兴阶段，华人经济也有了相对和平的发展环境。当时柬埔寨70%的商店仍由华人经营，80%的对外贸易由华人掌控，金边3000多家商店中有2000多家属于华人。[③]关于柬埔寨华人华侨经营的进出口业务、工业、农林渔牧业以及商业，《柬埔寨华侨志》一书记载道：

> 华侨商务，主要是批发商与零售商。过去，柬埔寨国际贸易操纵于法国人之手，二次大战结束，柬埔寨获得完全独立之后，华侨已有对中国香港地区，以及马来亚、印尼、日本、越南、寮国（今老挝）各地，直接经营其进出口业务。柬埔寨输出方面有：米、玉蜀黍、豆、芝麻、花生、棉花、烟草、树糖、胡椒、树翏、鱼干、木材、柴炭、牲畜等；输入方面有：生丝、布料、麻包、鱼线、纸类、化学原料、建筑材料、铁器等。

---

① 傅曦、张俞：《柬埔寨华侨华人的过去与现状》，《八桂侨刊》2000年第3期。

② 陈俊源：《传承与变迁：柬埔寨狮子桥村土生华人研究》，硕士学位论文，广西民族大学，2018年。

③ 庄国土：《二战以来柬埔寨华人社会地位的变化》，《南洋问题研究》2004年第3期。

　　柬埔寨工业，创立甚远。以拥有四百二十万居民之国家，其工厂廖（寥）若晨星。实不足供应人民需要。近年来工业稍露曙光，乃若干华侨从事工业之结果。今碾米厂在全国境内，每日至少能碾米二十吨者，约有一百五十家。机制之丝织厂有四家。火柴厂一间，每日可出火柴六万盒。一家锑器制造厂，和三间造铜厂，十四家制酒厂，一间砖厂，以及锯木厂。一家糖厂、汽水厂、制冰厂和九家制皮厂等，大部分是华侨投资。化学冶铁之工业，尚未设立。除丝绸外，其他工业产品，均在境内销售，对于输出国外，尚未重视。

　　农林渔牧事业，柬埔寨特产之胡椒，乃我海南侨胞在贡布逢咋叻一带，一手栽植，已有数十年历史，产量以一九三八年最多为六千吨。一九五六年之产量为一千三百吨。近年因椒根生虫，故产量大为减少。至于渔业，柬埔寨出产淡水鱼类每年可产十二万吨，多数是从鱼湖网捕。华侨经营此业者，多拥有雄厚资本，每年于旱季降临，湖水低落时，即向当地政府投标，在其划定区域内，设厂捕鱼，晒制成干，然后运销出口。计每年鱼干出产约六十万担，行销马来西亚与印尼，值柬币千余万元。盐，从前仰给于泰越，二次大战期间，海运困难，盐价高涨而缺乏，华侨乃在贡布滨海地带，试行开拓盐田，竟获成功。现在贡布有五千亩之盐田，年产白盐达五万吨，足供全国销用，每吨售价四百柬元。

　　柬埔寨全国大小商号约两万家，百分之七十以上为华侨所经营，其中以零售业占多数。华侨经营之工业，多为食用品工业，大部分是小规模经营，或为轻微手工业，以当地为主要消费市场。金边首都，全市有工商行号约三千家，华侨约占二千家，其中潮籍侨胞约占千家。广肇籍占五百家，福建籍二百家，客家、海南籍各占百余家。

　　华侨经济活动，满布于柬埔寨境内每一角落。彼等从行贩而小摊主，从零售商而批发商，其所经营之事业，乃百十年来辛苦累积之传统成果，实非一朝一夕所能幸致。而华人与柬人又能真诚合作，彼此互助，过去柬埔寨经济之发达，华侨实有甚大之贡献。

　　在20世纪五六十年代，柬埔寨境内涌现了许多著名的华人企业家和侨领，以当地潮汕籍商人为主，这里主要介绍以下三位人物。

　　江公义，祖籍普宁，9岁时只身随人到金边谋生，长期在采石场敲碎石，因而熟悉建筑材料、土木工程建筑，后发展成为建筑商。20世纪五六十年代，他取得承建奥林匹克运动场以及首都金边和其他许多城市的大型市政建设项目。江公义和西哈努克交往密切，得到西哈努克签署的自由进出皇宫的证书，成为柬埔寨的名人。

朱潮丰，祖籍揭阳，1930年，20多岁时随家乡人来柬埔寨谋生，负责开采原始森林，都是红木等上乘木料，把木料做成家具出口。后来，他又发展进出口贸易和房地产业务，创办金边银行等，成了柬埔寨著名华人企业家。

曾树，祖籍潮州，1920年出生，周岁那年，父母带他前往柬埔寨谋生。长大成人后，曾树业有所成，先后创立荣丰银行、和平商行及荣丰盛金行，成为巨富。曾树先生爱国爱乡，为增进中柬友谊作出贡献。他曾于1957年、1965年和1974年3次接受邀请到北京参加国庆观礼。①

此外，据有关数据统计，1962—1963年，柬埔寨全国共有华人约42.5万人，其中从事商业经营的占华人总数的84%，他们在农村和城市分布相当，分别为41%和43%；所有经营商业活动的华人占柬埔寨全国经商总人数的95%。这些数字还不包括3万名在柬商贸活动中的华人受雇用者，他们占了华人总数的7%。同时，还有8.5%的柬埔寨华人从事工业生产，另有0.5%的华人从事一些特殊行业和政府部门的工作。②

虽然柬埔寨的完全独立为当地华人经济营造了和平发展环境，但是由于受西方反共反华势力的影响，政府对柬埔寨的华人实行了同化政策。1956年3月柬埔寨当局颁行《第八十三号命令》，禁止居住在柬埔寨境内的华侨华人经营十八种职业。《高棉华侨志》一书记载道：

> 恢复主权后之柬埔寨政府，欲改善其人民生活，竟不念华侨过去开发之功，而有禁止外侨经营十八种行业之措施，并于民国四十六年六月开始执行。该十八行业为：税关人员；船上与海港之领港员；情报人员与私人侦探；移民局联员；开设联业介绍所；小押商；军火商；无线电收音机

---

① 徐名文，沈建华：《柬埔寨潮商简史》，《潮商》2008年第1期。

② William E.Willmott：*The Chinese in Cambodia*，University of British Colunbia，1967.转引自：高斌：《20世纪80年代末以来柬埔寨华人经济地位的发展变化》，《南洋问题研究》2003年第2期。

或收音机零件之制造或商人；印刷商；男界理发，不论店主与雇员；贷款者；内河航行驾驶员；首饰匠与金银细工匠；经营或驾驶汽车；码头工人；林业经营者；五杂商人；盐商。

厄运侨商之首当其冲者为经营盐业、杂米业、土产和金饰业。彼等只得遵令纷纷结束；侨工立即受到失业痛苦者，计有：理发工友、金饰行之打金工友、码头工友、汽车司机及收音机修理员。初步统计，仅金边市一地而言，失业者已超过四百人。

从表面上观察，禁营之行业值十八项，但其影响则遍及百业。民间农产品普遍滞销，商场景象萧条。结果，华侨与柬埔寨人民双方同蒙莫大损害。华侨欲维持其生活，欲保持其世代相传之事业，除加入柬埔寨国籍外，别无他途。

三、1970—1989年柬埔寨华商的经济活动

1970年3月，在美国扶持下的朗诺政权发动了政变，掌握着实际权力。[①]这一时期，柬埔寨华商经营的各项事业不断地遭受到朗诺政权的层层威胁和迫害，工厂还时不时地遭受美国飞机的炮轰，许多公司也随之被迫解散。此时华人的经济生活也跌入谷底，他们纷纷逃离至安全和隐秘的地方，到了新的地方，身无分文的他们，并没有自暴自弃，为了生存，不得不选择新的生计方式，从肩挑小贩做起生意，沿路叫卖，累了便歇会儿，他们踏足的每个脚印彰显着中华民族自强不息和锲而不舍的精神。

1975年4月17日，朗诺政权被推翻，随后新政权在其控制区内普遍宣传"华侨都是资产阶级，有史以来都是吸柬埔寨的血"，同时推行禁止私有制的政策，不准商品买卖，不准货币流通，连以物易物的原始交易方式也不被允许。华人的家财被抄收，大批被赶到农村实施强迫劳动，"新人"（华人）在"旧人"（高棉农民）的监督和管制下从事超强度的体力劳动，结果许多人因为劳累、饥饿、营养不良和疾病而死去。在"农奴式制度"的禁锢下，柬埔寨华人完全失去了人身自由，他们几乎已是"全民皆农"了，过着苟且偷生的生活。如果不听从军人和"旧人"的安排和命令，他们不仅没有饭吃，还可能会惹来

---

① 陈俊源：《传承与变迁：柬埔寨狮子桥村土生华人研究》，硕士学位论文，广西民族大学，2018。

杀身之祸。①据此来看，生计方式由"肩挑小贩"转变为"全民皆农"，带有明显的强制性和偶然性，所以为了生存，柬埔寨华人选择了弃商从农。

20世纪80年代初期，在柬埔寨许多乡镇和村落中，虽然依旧是"全民皆农"，但华人不甘于现状，以艰苦奋斗的精神努力地想办法让家人过上好生活。在这一时期，物物交换方式开始崭露头角，由于村民手中持有的钱币不多，所以常把稻谷作为买卖过程中的交易物。实居省洛良格乡狮子桥村的CHP先生告诉笔者："柬埔寨华人相对勤奋，除了在田里耕作和捡稻谷外，还起早贪黑地到田里捡碎稻谷或者爬上糖棕树采棕糖，多劳多得，这些超出规定工作时间的劳动成果不需要上缴给生产队队长。他们把这些稻谷和棕糖拿去卖给越南的军人，换回来的日用品再转手卖给附近的高棉人，而高棉人又用稻谷与我们交换日用品，通过这种循环交换，彼此都有所获益。"②

进入20世纪80年代后期，为了调动华侨华人参加柬埔寨经济建设的积极性，柬埔寨当局对华侨华人采取了较为宽松的经济政策：允许华侨华人经营私营工商业；取消商业企业中政府占有30%—40%股权的规定，华侨华人可以独资经营较大型工商业；通过分期付款的方式把经营管理不善的国营企业出售给华人经营；采取措施通过各种渠道动员争取逃居海外的柬侨回到柬埔寨定居和经营工商业等。③金边政府还在1989年公布实施了《外国在柬埔寨投资法》，提出了吸引外资的一系列措施，并制定了有关政策法规。④再观农村地区，按照上级部门的要求，乡政府把住宅用地和田地都分给了各户人家，而经济条件较好的华人家庭还会在原来乡政府分给的田地基础上再购买更多的田地，以扩大水稻种植，甚至有的家庭不甘于现状，在旱季时也会想办法引水灌溉农田和种植水稻。拥有了田地后，每家每户基本上是以水稻种植为主业。以实居省洛良格乡狮子桥村为例，因为当地属于热带季风气候，分为旱季与雨季，华人依据这样的气候特点，在雨季时节便会下田插秧，当年12月份即可收成，且一年收成

---

① 陈俊源：《传承与变迁：柬埔寨狮子桥村土生华人研究》，硕士学位论文，广西民族大学，2018。

② 2017年1月21日，笔者在洛良格乡狮子桥村与CHP（男，土生华人，57岁）的访谈录。

③ 廖小健：《柬埔寨华侨华人政策的发展变化》，《东南亚研究》1996年第6期。

④ 高斌：《1980年代末以来柬埔寨华人经济地位的发展变化》，《南洋问题研究》2003年第2期。

一次。同时，水稻种植业也成为维持土生华人生计的主要来源，但是由于生产技术落后、一年收成一次、投入成本高、自然灾害等影响的因素，村民种植的水稻基本上能满足家庭的日常需求，家里人口较多的华人家庭很少会留存有剩余的稻谷卖出去，即便有大量的稻谷卖给越南收购商，也是从高棉人家收购过来再转销出去。①虽然农村地区的华人以水稻种植业作为主要的生计方式，但是相较过去而言，他们开始真正地拥有了谋生的自由，比如购买碾米机器在家里从事碾米生意。起初，华人开办的碾米厂并不多见，有的村落仅有一家甚至没有，而后碾米业在各地如雨后春笋般兴起，也使得该行业竞争愈演愈烈。此外，一些华人从其他省市回到原来居住地方的时间相对较晚，所以获得的田地已不足半亩，如果仅靠这一点田地来种植水稻，没有其他的生计来源，他们是很难生存下去的。这时，父辈以前教给他们的手艺和技能就开始派上用场了，为了养家糊口，有的华人便重操旧业，又从肩挑小贩做起。一位刚满60岁的华人WAD在回忆那段拼搏的经历时说道：

> 从马德望省回来后，我在狮子桥的西边做卖饼干的生意以及卖一些日用品，以前我们家是在副村长家的对面。我也有种田，但我们家田地比较少，主要是回来比较晚了，该分的地也差不多分完了。因为自家田地少，如果仅仅用政府分的那一点土地来耕种，是养活不了全家人的，所以决定做饼干生意。我清楚地记得是我父母教会我做饼干的，没想到的是，学了这门手艺后还帮助我解决了后来生活上遇到的困难。做饼干，首先要把大米磨成粉末，过去都是用石磨碾碎的。饼干的馅料是土豆，土豆也需要碾成粉状，然后将之煮熟，再放入棕糖，就做成馅料了。之后，在揉搓完米粉后，放入馅料，再进行加工，就可以做成饼干了。我当时卖饼干主要是拿到外面去买，将饼干放入小箩筐，然后顶在头上，或者用扁担挑着到各个村庄去叫卖。刚开始我是走路叫卖的，后来我的弟弟有一辆自行车，我就骑着车去叫卖。再后来我挣到了钱，就决定自己买一辆自行车。自从拥有属于自己的车后，我就骑车到实居省的旧市场上卖，那时生意的确不错。我每天还留了部分饼干给我姐姐在家里卖。到了1993年，我就不做饼

---

① 陈俊源：《传承与变迁：柬埔寨狮子桥村土生华人研究》，硕士学位论文，广西民族大学，2018。

干生意了，因为工厂生产出来的饼干价格更实惠，像我们家的手工作坊肯定竞争是不过的。[①]

四、1990年以来柬埔寨华商的经济活动

随着柬埔寨政局的日益稳定，柬埔寨王国政府着力发展经济，对华人放宽限制，公开鼓励其积极参与国家社会、经济和文化的重建。1994年7月成立了柬埔寨发展理事会（CDC）和柬埔寨投资委员会（CIB），当年8月，新的柬埔寨王国政府颁布实施了《柬埔寨王国投资法》。随后，柬埔寨政府又分别于1995年5月和1996年8月颁布了《柬埔寨王国商业法》和《柬埔寨王国国籍法》，1997年1月又通过了《柬埔寨王国劳动法》，这些法律条款的出台为华商投资提供了一系列优惠条件和必要的法律保障。[②]值得一提的是，与以往的投资法规相比较，1994年所颁布的《柬埔寨王国投资法》给了华侨、外商更广阔的发展空间。该投资法取消了对外籍人士经营行业的限制，并且鼓励外人在一些关系国计民生的重点领域的投资，如高科技工业或先锋产业、能增加出口的产业、农用工业产品的生产加工企业、旅游工业、基础设施建设及能源生产、发展各省农村及环保产业等。[③]在此背景下，华侨华人经济的发展尤为迅速。华人经济已经从劳动密集型企业为主，过渡到以房地产为代表的资本密集型企业为主的新阶段。[④]目前，在柬埔寨各种行业领域中都能看到华人的身影，涉及银行、制衣、进出口、餐饮、五金机械、日用百货、旅游、建筑、房地产（包括酒店、购物中心等）、港口、新闻出版、食品加工、烟草、矿业、木材、渔业、石油以及独资或合资的大型工厂等，其中也有华商在高新科技产业、新兴产业中崭露头角，并涌现出一批华人富商和华人企业集团。

在华人富商方面，曾任柬埔寨潮州会馆会长、柬华理事总会会长、柬埔寨中国和平促进会会长、《柬华日报》董事长杨启秋勋爵是著名企业家。杨先生

---

① 摘自2016年2月1日，笔者在洛良格乡狮子桥村与WAD（女，土生华人，60岁）的访谈录。

② 高斌：《20世纪80年代末以来柬埔寨华人经济地位的发展变化》，《南洋问题研究》2003年第2期。

③ 同②。

④ 黄晓坚：《柬埔寨华侨华人社会的变迁（1991—2017）——兼论柬埔寨华侨华人在"一带一路"建设中的作用》，《华侨华人历史研究》2018年第3期。

旗下有新棉美日式彩色印刷有限公司、新棉美货仓工业区、新棉美进出口贸易有限公司、万兴国际发展公司、合利藤业加工厂、天然化肥料加工厂、进裕报关运输公司等。祖籍揭阳的知名企业家许锐腾，是东南亚著名企业家之一，曾任柬埔寨湄江银行董事长、泰文隆贸易有限公司董事长等职。1995年10月由他出面组织成立了新的柬埔寨总商会，并推选为首届主席。①祖籍潮州的陈丰明建立了商业帝国"皇家集团"。起初，他只是给联合国驻柬埔寨机构供应家具、食品和办公室设备，后来以敏锐的商业头脑最先与米雷康姆国际移动通信公司、摩托罗拉等外资合作，创建了柬埔寨最早的无线通信网络和国内最大的移动通信运营商——Mobi Tel公司，完成了资本的原始积累。②目前，陈丰明掌管的业务涉及许多行业，旗下至少有23家子公司，涉及房地产、彩票、酒店和度假村、运输、教育、电视网络、移动通信、广告与娱乐甚至金融与银行等重要经济领域，是柬埔寨首屈一指的龙头企业和跨国公司。2015年，陈丰明以50亿元的财富荣登"2015瀚亚资本·胡润全球华人富豪榜"，成为柬埔寨首富。③

　　在华人企业集团方面，柬埔寨华人大企业主要以银行业为主，按照创办的时间顺序有：加华银行（1991年）、大众银行（1992年）、湄江银行（1994年）、联合商业银行（1994年）、中国台湾第一商业银行金边分行（1998年）、安达银行（2002年）、澳纽皇家银行（2004年）。其中，加华银行是柬埔寨境内规模最大的商业银行，对柬埔寨国民经济的发展与贡献发挥着重要作用，加华银行的存贷款量占整个柬埔寨银行业务量的百分之三十以上，成为柬埔寨最具实力的私人商业银行等。④加华集团总裁方侨生的创业史也是值得一提。方侨生祖籍广东普宁，20世纪70年代末从柬埔寨逃亡到加拿大蒙特尔利尔，在那里，他赚到人生第一桶金，成为加拿大籍柬埔寨华人。2000年，他敏锐地意识到，海外50万柬侨如果以年均3万镑收入计，即拥有相当于柬埔寨年产值的巨大财富，是个可资利用的重要群体，于是组织起海外柬华投资公司（类似于中国的华侨投资公司）。此后，他创建加华集团，其属下的加华银行发展成为

---

　　①徐名文，沈建华：《柬埔寨潮商简史》，《潮商》2008年第1期。

　　②徐名文，沈建华：《柬埔寨潮商简史》，《潮商》2008年第1期。

　　③黄晓坚：《柬埔寨华侨华人社会的变迁（1991—2017）——兼论柬埔寨华侨华人在"一带一路"建设中的作用》，《华侨华人历史研究》2018年第3期。

　　④何涵妃：《华侨华人在中柬关系中的角色研究——1991年至今》，硕士学位论文，广西民族大学，2015。

柬埔寨最大的商业银行。①目前，加华银行已在柬埔寨各省设立了至少五十六家分行，并将业务拓展至泰国、马来西亚和老挝。

碾米企业在柬埔寨的中小企业占据较大的比重。庄国土教授曾经在两次田野调查时对16家碾米企业和44家碾米企业的所有者进行面对面的访问和进行结构问卷调查与实地调查，发现碾米企业大多是由柬埔寨华商所建立。在2005年的第一次样本抽查中，16家样本企业中，华商碾米企业为12家，占75%。在2007年的第二次样本调查中，在44家企业中，华商碾米企业有42家，占95%。如果将两次的抽样结果进行折合估算的话，华商创建的碾米企业所占比例大约为85%。根据柬埔寨2007年《柬埔寨中小企业统计》的数据，2007年柬埔寨大约有中小型碾米企业23103家，按照华商碾米企业所占比例为85%进行推估的话，柬埔寨华商中小型碾米企业大约有19638家。②

在柬埔寨农村地区，尽管水稻种植业以及由水稻种植业衍生出来的稻谷收购业依旧是当地华人的主要生计方式，但是日用百货店、米粉店、咖啡店、车辆修理店、理发店、照相馆、制衣厂务工等行业也逐渐兴办起来，成为当地华人经济生活中的一道亮丽风景线。随着农村地区第二、第三产业的兴起，当地华人的生计方式由过去的"半农半商"的自耕者到"自谋出路"的自由职业者。也就是说，他们的谋生手段和方式日趋多样化，他们既可以继续选择"半农半商"的生计方式，也可以选择乡村店主的职业（经营建筑材料、家畜家禽饲料、做服装缝纫生意或服装出口生意、开烧烤店、咖啡店、理发店、照相馆等），或是选择到制衣厂务工，或是到海外务工，或是在银行等金融机构工作等。可以看出，农村华人谋生的观念确实发生了很大的改变，不再局限于水稻种植和稻谷收购这一行业，他们认为生计方式应该多样化，应该适应社会发展的需求，最终才能摆脱艰难困苦的生活。从田野调查来看，这主要归结于两方面的原因：从外部因素来看，随着柬埔寨市场经济的发展，社会对劳动力的需求日益剧增，外出务工潮在农村地区迅速形成，在此大环境影响下，农村地区剩余的劳动力尤其是年青一代的华人不得不离开家乡，加入进工厂或赴国外务

---

① 黄晓坚：《柬埔寨华侨华人社会的变迁（1991—2017）——兼论柬埔寨华侨华人在"一带一路"建设中的作用》，《华侨华人历史研究》2018年第3期。

② 庄国土，王望波：《东南亚华商资产的初步估算》，《南洋问题研究》2015年第2期。

工的队伍；从内部因素来看，受家里田地面积的限制和家庭人口数量的压力，仅靠种植水稻和收购稻谷并不能有效地改善华人的生活境况，更无法撑起整个家庭，因此受到生存威胁的这部分华人，不得不依靠自身的技术和能力来寻找合适自己发展的生计道路。经过这些年的发展，他们也逐渐地接受了以自由职业者作为他们现阶段的谋生方式。①

2010年以来，赴柬埔寨经商的中国新侨越来越多。他们以个体或私营公司的身份，从事房地产投资、电器和建材的销售、工程承包、特产和大米贸易、餐饮、制衣等行业。投资房地产项目的公司主要在首都金边市和西哈努克港，如太子集团、富力集团等，从事大米贸易的则主要集中在靠近北部如马德望省，从事特产贸易的新侨多集中在首都金边附近的省份如磅湛省。从新侨的来源地看，做石材、建材生意的大多数是潮汕人和福建人，他们将大量花岗岩、大理石从中国运抵柬埔寨，以满足柬埔寨房地产开发的需要；做电器销售的则多为广州等地的商人。柬埔寨华人经济的迅速发展，不仅得益于柬埔寨实现自由开放的市场竞争体制，也依赖于柬埔寨相对稳定的政治局势和长期奉行的亲华政策。②

---

① 陈俊源：《传承与变迁：柬埔寨狮子桥村土生华人研究》，硕士学位论文，广西民族大学，2018。

② 黄晓坚：《柬埔寨华侨华人社会的变迁（1991—2017）——兼论柬埔寨华侨华人在"一带一路"建设中的作用》，《华侨华人历史研究》2018年第3期。

21世纪以来菲律宾华商现状探析[①]

郑雨来[②]

（广西民族大学　南宁市　530006）

【摘要】菲律宾是中国一衣带水的友好邻邦，历史上曾长期保持着密切的经贸关系。华商在两国交往中扮演了举足轻重的角色。根据学者推算，目前菲律宾华人人数约为162万，大多数是从事工商业的华商。华商企业无论是过去还是现在都对菲律宾经济发展起着重要作用。

【关键词】菲律宾；华商；华人经济

中菲友好历史悠久，早在唐代，中菲两国人民即有交往，宋元时期已有较为频繁的贸易往来。宋代的商船还定期开往菲律宾群岛，出售瓷器、纺织品、金属器皿等，换回菲律宾的珍珠、玳瑁、木棉花、棉布、黄蜡等土特产。元代中外海上贸易的规模达到一个巅峰，中国南方的居民与菲律宾的麻逸、三岛、民多郎、苏禄等保持频繁的贸易联系。元代汪大渊的《岛夷志略》就提到三岛的商人"常附舶至泉州经纪"，回国后受人尊敬，被奉为座上宾，"习俗以其至唐，故贵之也。"[③]到了明朝隆庆开海后，大批华商往来中菲进行贸易。1565年，西班牙殖民者黎牙实比（Miguel López de Legazpi）占领菲律宾。建立殖民统治之后，菲律宾同时并存着"土著经济""西方经济"和"华人经济"三种经

①本文为国家社科基金重大项目《世界华商通史》（批准号：17ZDA228）子课题《亚洲华商通史》成果之一。

②郑雨来，男，广西民族大学民族学与社会学学院2020级民族学专业博士研究生，研究方向：东南亚华侨华人、国内侨乡文化。

③ 中山大学东南亚历史研究所：《中国古籍中有关菲律宾资料汇编》，中华书局，1980，第1—2页。

济体系。①也就是从那时开始，华商开始源源不断地穿行在中国与菲律宾的航路上，有的甚至开始定居在菲律宾。菲南的和鲁、明多洛、马尼拉成为华商聚居的重点地区。迄今为止，华商仍在菲律宾的经济发展中占有重要地位。根据学者的估算菲律宾华人人数已达到162万，在当地人口中占比约为1.69%。②菲律宾华人数量和占比较东南亚其他国家虽不算出众，但华人的经济地位十分强大。

2021年，菲律宾福布斯富豪排行榜中前10名中7位都是华裔，施氏兄弟姐妹较之去年财富增加27亿美元，以166亿美元资产位居菲律宾首富，其余6位为吴诗农、黄汉雄夫妇、陈觉中、吴聪满、蔡启文和郑氏兄妹。7大华人富豪的净资产总额高达332亿美元，占10大富豪总资产的67%以上。菲律宾排名前50的富豪中，有约20位为华商或有华裔血统。自去年至今，菲律宾华人富豪财富水平经历了一次大洗牌，2020年排名第7的酒业和航空业大王陈永栽跌出前十榜单，其名下的菲律宾航空公司在疫情期间损失惨重，休闲食品业巨头Monde Nissin董事长郭徽章成为新晋富豪。施氏兄弟姐妹是已故施至成（Henry Sy）创立的SM集团的继承人，过去一年财富增加了27亿美元。

排名第二的是JG顶峰控股总裁兼CEO吴诗农。JG顶峰集团是菲律宾最大的企业集团之一，创办人为吴诗农的父亲吴奕辉。JG顶峰集团的业务涉及方方面面，从食品饮料、航空、房地产、石油化工、金融服务等均有建树。2019年年底公司市值超过110亿美元，在2019年之前的十年间，其市值复合增长率和年化股东总回报率双双接近28%，入选福布斯"营收超十亿美元的亚洲200强企业"，2020年入围福布斯"全球2000强企业"榜单。电信巨头Convergence ICT Solutions的创始人黄汉雄和姚丽华夫妇以28亿美元资产在菲华富豪中排行第三。排名第四的陈觉中是华人餐饮业的传奇人物，其资产高达27亿美元，他创立的快乐蜂餐饮品牌已成为大型的跨国餐饮企业，旗下拥有众多成功的餐饮品牌。安德集团（AGI）创始人吴聪满以26亿美元资产位居华商富豪第五，旗下拥有数家上市公司，业务涉及地产、餐饮、综合旅游、博彩、酒店等多个领域。

---

①中山大学东南亚历史研究所：《中国古籍中有关菲律宾资料汇编》，中华书局，2010，第1—2页。

②刘文正，王永光：《二十一世纪的东南亚华人社会：人口趋势、政治地位与经济实力》，《华侨华人蓝皮书》（2013）。

表 1　菲律宾十大华商企业（单位：亿美元）

排名	中文姓名	净资产	财富主要来源	业务	菲律宾富豪中的排名
1	施氏兄弟姐妹	166	SM集团	零售/多元化经营	1
2	吴诗农及兄弟姐妹	40	JG顶峰集团	多元化经营	4
3	黄汉雄姚丽华夫妇	28	Convergence ICT Solutions	电信	6
4	陈觉中	27	快乐蜂Jollibee	餐饮	7
5	吴聪满	26	安德集团（AGI）	多元化经营	8
6	蔡启文	23	生力集团	多元化经营	9
7	郑氏兄妹	22	首都银行	银行业	10
8	郭徽章及家族	19.5	Monde Nissin	食品	11
9	陈永栽	19		多元化经营	12
10	许炳记夫妇	17.5	Cosco	零售	14

资料来源：福布斯网站（http：//www.forbeschina.com/billionaires/57305）资料整理所。

一、华商大企业

21世纪以来，随着全球经济一体化趋势的深入，华商资产实力不断增强。目前，全球6000万华侨华人中有很大比例经商办企业，形成庞大的华商群体。据估算，华商企业总资产规模约为5万亿美元，东南亚华商在海外华人经济中的实力依然最强。[1]香港《亚洲周刊》发布了"2021年全球华商1000强分布"，中国大陆以794家上市公司高居榜首，总市值超过120,077亿美元，东南亚国家中，新加坡、印尼和马来西亚均有11家上市公司，泰国有10家，菲律宾有8家。菲律宾8家华商上市公司总市值达到821.3亿美元，总资产达到1,787.7亿美元。另据福布斯2021年全球2000强企业排行，菲律宾有6家公司上榜，其中有3家为华商企业，分别为SM Investments Corp（排行第877）、LT Group（排行第1831）和首都银行（排行第1929）。

---

[1] 王辉耀，康荣平主编《世界华商发展报告2019》，中国华侨出版社，2020，第30页。

表 2　2018 年世界企业 1000 强中的菲律宾华商企业

名次	公司	市值／百万美元	营业额／百万美元	增长率	纯利／百万美元	增长率	总资产／百万美元	股东权益／百万美元	1000名次
1	SM Investments Corp	20,224.4	7,860.1	9.0	653.2	5.5	19,049.2	6,510.6	81
2	鞋庄控股	18,207.8	1,804.0	13.9	547.1	15.8	10,682.9	5,138.0	96
3	巅峰控股（约格森米）	6,319.8	5,425.5	13.7	582.7	169.0	14,671.7	5,314.2	288
4	菲律宾长途电话公司	5,601.9	3,173.1	−3.2	265.3	−33.2	9,116.0	2,119.9	324
5	快乐蜂食品（巧乐比）	5,601.6	2,610.6	15.6	141.1	15.3	1,781.4	809.2	325
6	环球罗宾娜	5,344.9	2,480.3	12.0	216.0	−28.1	2,929.4	1,615.1	342
7	首都银行	4,866.4	1,657.8	6.3	361.6	0.8	41,275.6	4,007.0	372
8	Metro Pacific Investments Corporation	2,821.7	1,240.8	39.5	260.9	14.8	9,995.1	3,199.3	664
9	美佳世界	2,652.0	1,000.2	7.7	253.4	12.7	6,161.4	2,753.5	711

资料来源：《亚洲周刊》http：//www.yzzk.com/htm/events/2018_1000/content.php？Heading=13.

　　华商大企业在菲律宾经济发展中具有相当重要的地位。菲律宾前首富施至成在1994年创立SM控股公司，他将原来的SM购物中心和其他零售相关的产业合并，并在1994年7月在菲律宾证券交易所上市，成为菲律宾证券交易所中基于收入排名最大的公司。在2007年，SM控股成为世界上最大的连锁购物中心之一。现SM集团已成为菲律宾最大多元化跨国集团，其经营范围涵盖零售（SM百货、SM大型超市、SM玩具大卖场）、娱乐（SM电影院、SM美食城、SM保龄球馆等）、银行、房地产、制造业等多个领域。已在全球拥有83家大型综合购物中心，目前SM集团已先后在中国的厦门、晋江、成都、苏州、重庆、淄博、天津、扬州等地建设购物中心，在7个城市中运营的购物中心总建筑面积超过150万平方米。2019年，SM prime holdings市值达到12,158.2亿比索，总资产达到

6672.8亿比索。

JG顶峰控股有限公司（JG Summit Holdings）业务涉及航空运输、银行、食品制造、酒店、石油化工、电力、出版、房地产、电信等多个行业，子公司包括通用罗宾娜公司、罗宾逊土地公司、宿务太平洋、联合实业有限公司、罗宾逊零售控股公司、罗宾逊银行等。2019年JG集团总资产达到9,283亿比索。

东南亚的华商在金融领域占有重要地位，菲律宾也不例外。郑少坚于1962年创办的首都银行是菲律宾银行业的翘楚，占据了菲律宾全国20%的银行业务。1981年，首都银行即成为第一家被菲律宾中央银行授予综合业务牌照的银行，业务包括存贷款、贸易融资、结算、信用卡、保险、信托、投行等在内的全面的对公和对私业务。经过50多年的发展运营，首都银行集团已成为一个以商业银行为主，包括多家储蓄银行、投资银行、财务公司、证券公司、信用卡公司、汇兑公司、保险公司、租赁公司等在内的大型银行集团，并且在菲律宾证券交易所上市。目前，首都银行集团在全球范围内已拥有近千家分支机构或附属机构，全球雇员总数达到18000人。首都银行集团已成为菲律宾最主要的商业银行集团之一，多年荣获《亚洲银行家》菲律宾最强商业银行等称号。

房地产业是许多新兴国家中增长最为迅速的行业，许多大型华商企业拥有巨大财富，投资房地产产业是其财富增长和保值的重要途径。上述华商集团均有涉及过房地产产业。SM集团旗下投资众多的房地产项目，开发了众多购物中心、住宅、办公室、酒店和会议中心。除此之外，SM集团还通过SM Development Corporation（SMDC）在全菲范围内提供住宅服务，为旅游业提供休闲住宅。菲律宾著名华商吴聪满原本依靠卖酒起家，在酒类市场叱咤风云的同时，吴聪满将房地产作为下一步投资的重要方向。1989年，在原来安德集团的基础上成立了美加房地产集团（Megaworld Corporation），锁定开发高端独栋大厦。1994年内，吴聪满组建东方帝国（Empire East），进军尚在起步阶段的中等收入房地产市场，迅速成为行业领导者。同年，美加房地产在菲律宾上市。2007年，香港《金融亚洲》杂志的年度顶级企业评选中，美加房地产位居菲律宾第一名。菲律宾罗宾逊土地公司（RLC）成立于1980年，是JG Summit（顶峰集团）的房地产部门，在该行业拥有超过30年的历史记录。RLC的核心业务包括购物中心、写字楼、酒店和住宅开发等。公司旗下有众多商场、住宅、办公楼、酒店度假村、工业园区等地产项目。2019年，公司总收入达到305.8亿比索。

二、华商中小微企业

在菲律宾的华商中，除个别华商拥有大型企业并成为行业巨头外，大部分华商以经营小企业为主，他们在菲律宾各行各业扮演着中流砥柱的角色。根据菲律宾国家贸易与工业部的统计数据显示，菲律宾2020年登记在册的企业总数有957,620家，其中952,969家为中小微企业，占比达99.51%，大企业只有4,651家，占比为0.49%，微型企业850,127家，占比88.77%，小企业98,126家，占比10.25%，中型企业4,716家，占比0.49%。菲律宾企业中绝大多数为小微企业，由此可见，小微企业在菲律宾国民经济中的重要地位。从行业上来看，中小微企业主要集中在批发与零售贸易、机动车辆与摩托车修理、住宿与餐饮服务、制造业、其他服务行业，以及金融与保险行业，以上6种行业共同占据了菲律宾中小微企业的83.77%。

在菲律宾的中小微企业中，相当大一部分属于华商企业，华侨华人来到菲律宾继承了闽南人重视工商业的精神，普遍从事与商业有关的活动，其他行业从业人员较少。菲律宾华人经济的传统基础是零售行业，仅此一项，就占华人经济比重的43.5%。[①]根据庄国土教授的估算，菲律宾华商总资产为797.2亿美元，其中华商非上市大中型企业资产为94.6亿美元，华人个人资产242.5亿美元。[②]正如日本学者岩崎育夫所说："东南亚的华人资本不仅有那些在全球开展资本主义竞争活动的大企业，还有无数个家庭小企业，它们默默地固守着传统的形态和产业领域顽强地生存着，这才是华人资本的真实面貌。"[③]菲律宾20万家华人中小企业，约占当时全国中小企业总数的1/4，对菲律宾经济增加值的贡献大约在8%左右（2006年数据）。据菲律宾官方统计，2011年菲律宾共有中小企业81.68万家，占企业总数的99.6%，吸收了国内61%的就业人口，贡献了35.7%的全国经济增加值。菲律宾的华商中小企业大约占全国中小企业总数的1/4。假设华商中小企业产出与全国中小企业的平均产出相当，那

---

①庄国土：《21世纪前期海外华商经济实力评估》，《南洋问题研究》2020年第3期。

②同上。

③岩崎育夫：《东南亚的华人资本与国民经济（下）》，《南洋资料译丛》1999年第2期第66页。

么2011年华商中小企业对菲律宾经济增加值的贡献率在9%左右。考虑到菲律宾华人仅占总人口的1.6%，华商中小企业在该国经济领域有如此地位，实属不易。

就行业分布而言，商品批发、零售、贸易、餐饮是菲律宾华商中小企业最集中的行业。除此之外，华商中小企业还广泛分布在小五金制品工业、纺织及成衣工业、药业、木材加工业、建筑材料工业、电子与电器器材工业、食品加工业及化学制品工业等行业。需指出的是，20世纪70年代以来，20余万中国新移民赴菲，在当地经商谋生，敢闯敢拼，为菲律宾华商中小企业注入了新鲜血液，成为推动华人经济发展的重要因素。[①]

三、菲华商联总会与中菲经贸关系

1954年成立的菲华商联总会，是在菲律宾华侨华人工商界的最高机构，为无股份非营利的有限公司组织。原称菲律宾华商联合总会，1956年改称菲华商联总会，简称商总。自商总成立以来，就以团结在菲华商、促进菲华友好为宗旨，逐渐发展成为全菲华商以及华侨华人的共同组织。商总理事会下设外交、工商、财务、经济、组织、联络、福利、调解、青年、大厦管理、农资、新闻等委员会及秘书处。团体会员由菲律宾各地的华人商会、同业公会及其他商业团体组成，现有170个会员商会遍布全菲各地。在菲华商联总会的领导下，菲华商与中国的经贸关系蓬勃发展。菲华商联总会理事长林育庆曾表示，中国帮助菲律宾造桥、造路、提升电信业务，商总积极推动菲华业界合作，并努力融合老侨、新侨，积极引导中资、华资投向对菲中都有利的产业。

杜特尔特总统执政期间，菲律宾经济增长迅速，但落后的基础设施成为经济发展的阻碍，中国企业拥有的技术和资本优势，利用菲华商在当地形成的血缘、地缘、商缘优势，创造更大的价值。中国政府早在2000年向菲律宾政府提供农业发展贷款，用于菲律宾农村水利灌溉、码头建设等项目；另外还出资援建中菲农业技术中心。在这样的背景下，菲律宾华商大力引入中国杂交水稻优良品种，并在菲律宾农村大面积推广种植，此举既利国利民，又不断壮大了华商企业。近年，中国在菲投资也不断增加，涉及建筑、公路、桥梁、港口、发

---

①刘文正：《东南亚华商的经济实力与发展现状——基于新、马、泰、菲、印五国的分析》，《中国国籍移民报告（2014）》，2014年1月。

电、矿山开采等领域，这些企业和工程大多为菲律宾华商从中穿针引线而成。随着中国—东盟自由贸易区合作的加强，华商网络在其间的互动作用将更大，华商的发展机遇和发展空间都将更多更大。

四、结语

进入21世纪，东南亚华人经济进一步融入当地社会，华商资本总量日益扩大，并在房地产、金融、商业、农业及部分领域的制造业占据牢固地位。菲律宾华商资本发展平稳，经济实力较强，并且增长势头强劲。华商的经济实力，已呈现超越西班牙裔商业精英的势头。华商强势的经济地位，既是维系菲华社会的支柱，也是华人政治地位提升的主动力。纵观21世纪华商的发展历程，可以看到，经过20世纪末金融危机洗礼的华商大企业逐渐走向成熟，传统家族经营弱化，经营业务方式趋于稳重，整体素质有效提高，但就主体来看，菲律宾华商还是以经营中小微企业为主，规模与少数华商大企业与西方跨国公司相比仍相形见绌。深具活力的华商中小微企业，在促进就业、繁荣本国经济、促进中菲经贸发展上扮演重要角色，但同时面临经营者文化素质较低、劳工不足、不善于利用政府鼓励措施与国家经济政策，以及产品或服务低端不利于竞争等困境。但相信在全球化进程虽遭遇挫折但势头仍强劲的今天，菲律宾华商与本民族经济融合程度会进一步加速，带有华人特性的华商企业也会在中菲关系良好发展的大背景下贡献自己的独特优势。随着"一带一路"倡议和RECP（《区域全面经济伙伴关系协定》）项目的落实，积蓄力量的菲律宾华商定会在区域经济发展和中菲关系深化进程中发挥更大的作用。

多元政策视域下当代老挝华商发展初探[①]

罗赞[②]

（广西民族大学　南宁市　530006）

【摘要】华侨华人自移居老挝伊始，多醉心于经商，鲜有政治诉求，所以商业在老挝华人社会中占有极其重要的地位。在老挝华商的发展过程中，其一大特点在于非市场因素产生了较大的影响，即不同的历史时期受到不同政策的影响较大，因而纵向多元化的政策使老挝华商的发展带有明显的阶段性特征。政策相对温和时期，华商稳定发展，华人经济在老挝国内占据重要地位；排华时期，华商发展受挫，华人商业急剧衰退；政策转好时期，华人商业得以恢复与发展。当代，随着全球化的深入，老挝国内及国际更加多元化的发展政策使得老挝华商出现被置于更加广泛的社会经济、文化的合作之中的趋势。因此，多元政策影响下的老挝华商文化和身份认同进一步被强化，流动性特征逐步加强。

【关键词】老挝华商；移民；华侨华人；多元政策

一、绪论

老挝位于中南半岛北部，属内陆国家，其北部与中国接壤，东部临近越南，南则与柬埔寨毗邻，除此之外，西北与西南又分别与缅甸和泰国相邻。老挝与中国的交往可追溯至东周时期，据《后汉书·南蛮传》记载，"交阯之南

---

①本文为国家社科基金重大项目《世界华商通史》（批准号：17ZDA228）子课题《亚洲华商通史》成果之一。

②罗赞，广西民族大学民族学与社会学学院硕士研究生。

有越裳国。周公居摄六年，制礼作乐，天下和平，越裳以三象重译而献白雉，曰：'道路悠远，山川岨深，音使不通，故重译而朝'"①。但此时的交往多是基于朝贡关系之上的官方往来，民间交往受限于地理环境而相对较少。直至近代，受战乱以及多种因素影响，开始有一定规模的华侨华人进入老挝，这一部分华侨华人之中，多为华工和小商贩。与其他东南亚国家相比，老挝的华侨华人数量较少，但商业是老挝华侨华人的支柱产业，华侨华人通过商业经营成为老挝国内不可忽视的一支经济力量。早在1893年，法国殖民当局为对老挝进行资源开发、发展经济，采取了多种优惠政策吸引华人前往老挝工作或经商，移居老挝华人日渐增多，经商者占据着较大比重，如广西、云南边境不乏小商贩前往老挝经商或定居。在此后的时期里，相对温和的华侨华人政策营造了利于华商发展的环境，至20世纪时，迁往老挝的华侨华人增多，其中以潮州人为最，约占70%，其次是客家人、海南人和云南人②。随着移居人数的增多，老挝华商群体不断壮大，部分越南、泰国的华商亦进入老挝进行经商活动。在新侨民进入之后，华人群体得到进一步壮大，这就为华商注入了新鲜血液，来自祖籍地及周边国家的华商亦纷纷开始进入老挝经商。可以说，老挝华商的演变史不仅是老挝华侨华人在老挝创业的生动表现，更是华侨华人在祖籍地之外勤劳奋斗的一个缩影。

二、学术研究回顾

多元是指多样的，不集中统一的，具有一定的层次性，多用于文化、内容等方面的丰富多样。多元政策即指多样化的政策，其对适用范围内的群体、个人均会产生重要影响。因此，在对海外华侨华人的研究中，住在国的政策往往是一个重要的方面。"华商"是一个被广泛使用的概念，一般意义上指具有中国国籍或者华裔血统的华人商人群体，其广泛分布于世界各地。③随着华人社会在海外的发展壮大，学界对于华侨华人的关注不断增加。老挝虽作为东南亚国家之一，相比于新加坡、泰国、马来西亚等经济发展水平较高的国家，其

---

①范晔：《后汉书》卷八十六《南蛮传》。

②吴元黎等：《华人在东南亚经济发展中的作用》，汪慕恒、薛学了译，厦门：厦门大学出版社，1989，第143页。

③余彬：《世界华商网络发展的新趋势》，《商场现代化》2011第12期。

华人社会的研究一定程度上受到冷落。国内对于老挝华人社会的研究在20世纪60年代获得了一定成果，台北华侨志编纂委员会于1962年编写了《寮国：华侨志》。至1982年，蔡天又撰写了《寮国华侨概况》一书。此两本书内容详尽全面，为后继研究者提供了珍贵的资料。20世纪90年代以后，对于老挝华侨华人的研究成果逐渐丰硕，且重点关注第二次世界大战后老挝华人社会的变迁、华文教育、华人社团、文化认同等领域。如范宏贵利用翔实的田野资料论述了老挝的华人社会①；江河②、陶红③等人对老挝华文教育进行探讨；郝跃骏对老挝华人社团进行探讨④；庄国土对"二战"以来老挝华人的社会地位变化进行论述⑤。

　　纵观学界对老挝华侨华人的研究，多将华商作为华人社会研究的一个侧面进行探讨。张兴汉与刘汉标编著的《世界华侨华人概况·亚洲、大洋洲、非洲卷》、《华侨华人百科全书·经济卷》编辑委员会编写的《华侨华人百科全书·经济卷》以及周南京编撰的《华侨华人百科全书》虽是对华侨华人的一个整体性的研究，但记载了老挝华商不同时期的状况，亦可以窥见其发展史。随着老挝华侨华人逐渐受到学者关注，华商因为其在老挝华人社会中的特殊性也引起了部分学者的关注，如戴小峰探究了老挝华商的发展史，并对全球化背景下的老挝华人经济进行分析⑥。尔后，更多的学者则探讨老挝华商与"一带一路"的建设之间的关系，如方芸认为老挝华商能够发挥自身功能作用，为"一带一路"建设进行更好的服务⑦。除此之外，亦有学者从跨国主义角度对老挝华商进行研究，如张恩迅和申玲玲认为湖南籍的老挝华商的发展以中国制造业和中国商品作为强大的后盾，在其跨国运作所搭建的梯级市场中存在着明显的"差序格局"的特点，这套市场体系中商业关系与社会关系是互嵌式的，从而

①范宏贵：《老挝华侨华人剪影》，《八桂侨刊》2000年第1期。

②江河：《老挝的华文教育》，《八桂侨史》1995年第4期。

③陶红：《老挝的华文教育》，《东南亚纵横》2004年第9期。

④郝跃骏：《老挝华人现状及社团组织》，《东南亚》1992年第1期。

⑤庄国土：《略论二战以来老挝华人社会地位的变化》，《华侨华人历史研究》2004年第2期。

⑥戴小峰：《全球化时代下的老挝华人经济》，《东南亚纵横》2003年第7期。

⑦方芸：《老挝华侨华人与"一带一路"建设》，《八桂侨刊》2018年第2期。

保证其经营网络能够逐级延伸至老挝偏远的乡村地区①。

在上述学者的相关研究中，存在一个十分明显的特点，即对于老挝华人社会的发展有着明显的阶段划分。在学界学者的相关研究中，这种阶段性特征的根源在于老挝国内社会对于华侨华人不同时期所秉持的态度，且这种态度是具有一定的政策导向性的，由于老挝在不同时期对于华侨华人的政策有所不同，所以作为华人社会重要组成部分的华商在不同历史时期所面对的社会环境也不尽相同。因此，老挝华商的阶段性发展实质上是受一种纵向多元化华侨华人政策的影响而形成的。本文拟以老挝在社会经济建设中推行的华侨华人政策、经济发展政策、对外交往政策等多元化政策的角度出发，分析当代（即"二战"后）老挝华商新世纪发展新趋势以及多元化政策对其产生的影响。

三、老挝华商概况

Han Entzinger等学者认为移民的融入具有四个维度，即社会经济融入、政治融入、文化融入、主体社会对移民的接纳或斥拒②。在老挝，华侨华人的政治诉求不高，多埋头经营商业，其融入老挝社会更多体现在社会经济维度方面，因而造就了成绩斐然的老挝华商。王赓武通过对中国移民的历史考察，分析和总结出近二百年来中国移民的四种移民形态，即华商形态、华工形态、华侨形态和华裔形态。③老挝的中国移民多为华商形态和华工形态，且受制于老挝社会经济形态，华商多为中小企业家或小个体老板。在经营范围上，老挝华侨华人商业经营范围较广，除传统的工业、服务业外对金融业等其他行业亦有涉足。其以万象市为中心，不断向外辐射，形成了紧密联系的华商网络。作为老挝国内不可忽视的一支经济力量，老挝华商为老挝经济社会的发展做出了极其重要的贡献。

（一）传统行业

传统行业是老挝华商一经到达老挝之后便开始经营的行业，其主要包括

---

①张恩迅、申玲玲：《中国新移民跨国实践的特征研究——以老挝的湖南人为例》，《南洋问题研究》2019年第2期。

②Han Entzinger and Renske Biezeveld，Benchmarking in Immigrant Integration，Rotterdam：Erasmus University Rotterdam，2003.

③王赓武：《王赓武自选集》，上海教育出版社，2002，第189页。

针对农副产品进行加工的加工业以及边境贸易。首先是对农副产品的加工，其经营形式多为手工作坊和工厂。老挝是一个以农业为主的内陆国家，国内的农业资源与林业资源丰富。丰富的资源继而可以转化为商业优势，因而对农产品原料进行加工从而生产成品进行售卖成为老挝华商经营的产业之一。包含了木材加工、制茶、烟草加工、碾米、酿酒等作坊以及工厂。除此之外，亦有相当一部分进行深加工的企业，如水泥厂、陶瓷厂、蜡烛厂、针织厂等。据统计，1975年以前，老挝华商经营的工厂企业数量众多，其中规模较大的有寮国啤酒厂、老挝夹板厂、洗衣粉厂等①。但在排华时期，这些企业多被老挝政府收归国有，直至1988年，老挝实行新的经济政策，老挝国内的华资企业不再受到限制，老挝华人经济的恢复以及新侨民的进入，家具厂、水泥厂、纺织厂及各种工厂又被老挝华商重新经营起来。

其次是边境贸易。早在法国殖民时期，为了加快老挝的资源开发，发展其经济，法国殖民当局推行了一系列政策吸引华人加入老挝的经济发展行列，而免除进出口货物税是极具吸引力的一项政策。早期华人的边境贸易多为中老边境的小商贩进行的自发性的小宗的贸易活动，华商多为中老边境线上走村贩货的卖货郎。尔后，由于老挝当时仍以农业为主，缺少工业产品，华商利用这一契机从中国、越南、泰国进口众多商品进入老挝南部城市进行售卖，老挝一度成为日用商品消费大国，华商依托这一进口贸易获得长足发展。待到新侨民进入老挝以后，边境贸易的规模被进一步扩大，此时期的华商拥有较大的资本，可以进行较大宗的贸易活动。

（二）工矿业

老挝矿产资源丰富，煤、锡、铜等矿藏量巨大，但受限于国内经济落后的原因，老挝在矿产开采方面无论是开发程度还是专业人才储备均停滞在较低的层次，因而就导致了国内矿藏数量巨大但无法开采的尴尬局面。华商亦在老挝建立了工矿企业，主要对煤、锡、铜矿进行开采。老挝华商的工矿企业数量较少，一方面受限于自身资金的缺乏，矿产企业的建立需要大量的资金支持，这就使得大部分华商选择从事更容易经营的轻加工工厂。再者就是受老挝经济、社会形态带来的影响。落后的经济使得技术落后，而工矿企业需要大量的专业技术、人才储备，这也就造成这类企业经营难度大。所以早期的老挝华商对此

---

① 戴小峰：《全球化时代下的老挝华人经济》，《东南亚纵横》2003年第7期。

领域经营的企业数量不多，而在新侨民进入之后，拥有较大资本量的华商开始对工矿企业进行投资。

（三）零售业

零售业是老挝华商经营版图中极为重要的一部分。老挝华商经营的店铺数量众多，多分布于华侨华人集中的城市，其中以万象市为最。万象市是老挝华商的商业中心，由此中心不断向外辐射，从而构筑了完整的老挝华商网络。在老挝华商经营的行业当中，零售业占据相当大的比重。1975年之前，万象街头的商店绝大部分由华商经营，万象三大商业街有华人商店500多家，华人聚居的南部重镇巴色有华人商店400多家，琅勃拉邦有华人商店约300家[①]。此后，受到老挝国内排华浪潮的影响有所停滞，但在新经济政策颁布及新侨民进入之后，老挝国内的华人经济开始转暖，老挝国内的华资商店逐渐恢复繁荣。以万象为例，老挝首都万象的三江市场处于当地重要的交通枢纽的位置，华侨华人数量众多，是东南亚最大的华人商场，三江市场起初贩卖日常用品与五金用品，后逐步发展为销售来自中国的家用电器、手机、潮流百货等。

（四）服务业

老挝华商经营的服务业店铺范围广泛，涉及餐馆、咖啡馆、茶馆、酒馆、旅馆、服装店等多个领域。以餐馆为例，现今老挝首都万象市拥有众多来自中国湖南的华侨华人，又因湖南人喜食辛辣，与老挝人的饮食爱好不谋而合，所以在万象街头存在大大小小规模不等的湖南餐厅。在新侨民进入以前，华商在老挝经营的服务业产业多为酒馆、茶馆、咖啡馆等，部分亦会经营一些小型的宾馆。直至老挝实行改革开放政策，导入市场经济体制后，大批新进入老挝的华商开始大规模投资酒店业。澳大利亚悉尼华商张忠麒、泰国华商黄书德、萧亮汉等人联合中国台湾和中国香港以及本地的华商，集资500万美元创立永珍商业银行，旗下的企业包括红花酒店、鸿毅旅行社以及综合性旅游与购物中心等，其中更是投资500万美元建成了全老挝最大的酒店[②]。随着近年来老挝与中国交往的密切，华人热潮席卷老挝，涉及餐饮、酒店、旅游等多个领域，老挝华商所经营的商店、企业也迎来新的发展机遇。

---

①陈碧笙：《世界华侨华人简史》，厦门大学出版社，1991，第374页。

②周南京：《华人华侨百科全书》，中国华侨出版社，2000，第243页。

（五）金融业

金融业是老挝华商涉足较晚的行业。在老挝华商的商业体系中，与金融业相关的公司、企业虽在规模、数量等方面不及其他，但亦是老挝华商商业版图中不可或缺的一部分。1956年，华商翁泰宽、萧亮汉、郭林松、谢双辉及吁隆博士、塔沙那尼空等于万象筹办寮京银行，其后又在各地开设分行或代理处。[①]但1975年后对华政策、经济政策、华侨华人政策等多项政策的变化使得华商经营的银行被老挝政府接收，直至新侨民进入，澳大利亚华商张忠麒、高信义，泰国华商黄书德、萧亮汉，联合老挝的华商、老挝政府以及中国台湾、香港企业，合资创立永珍商业银行，该行与中国台湾的联邦银行建立通汇关系，中国台湾的汇款最快可在当日汇到老挝，有利于推动中国台湾厂商在老挝的发展。[②]其后，华商所经营的银行亦逐步发展起来。

四、多元政策与老挝华商发展史

作为外来者，华商在老挝的发展受到诸多因素的影响，其中尤以老挝华侨华人政策影响为巨。在第二次世界大战以后，随着老挝国内外局势的不断变化，使老挝国内对华态度几经变化，华人社会的发展也存在更多的不确定性。目前，学界学者如庄国土、许梅等将老挝华人社会的发展划分为稳定期、排华动乱期、恢复与发展期三个时期。实质上对于这三个时期的划分，这些学者多是基于老挝几经变化的华侨华人政策为华人社会带来的影响。这种政策的多元性不是横向的，而是一种纵向的多元变化，因而可以窥见老挝华商深处不同的政策施行时期所面临的境遇也不尽相同。1975年以前为政策利好时期，老挝华商稳定发展，且达到较高的经济地位，华侨华人经济占比在老挝国内较高；1975年至1986年受排华浪潮影响，中老关系面临严峻局面，这一时期的老挝华商受老挝华侨华人政策影响，商业发展一度停滞不前，发展受到前所未有的限制与打击；1986年以后，中老关系转好以及老挝"新经济政策"的实施为华商迎来恢复与转机，老挝对华政策的转暖与新经济政策对华商权益的保护使得华侨华人重返商界，老挝华侨华人的商业重新向好。

---

①周南京：《华人华侨百科全书》，中国华侨出版社，2000，第243页。

②戴小峰：《全球化时代下的老挝华人经济》，《东南亚纵横》2003年第7期。

（一）政策温和期的稳定发展

1975年以前的老挝对华商来说是一个稳定发展的时期。这得益于老挝当局有着相对温和、利好的华侨华人政策，其欲使华人参与老挝的经济与社会建设之中，因而鼓励华人经济的发展，这就促使华商能够迅速崛起，成为老挝国内一支极其重要的经济力量。早在法国殖民时期，殖民当局就推行了一系列政策吸引华人对老挝进行开发，其中包括土地优惠政策、土地无偿开垦、免除进出口货物税等多项政策。云南人、客家人、湖南人、潮州人、海南人成为这一时期老挝华商的主体。在摆脱殖民统治之后，老挝国内继续鼓励华人参与老挝的社会经济建设之中。其标志在于1957年老挝发布鼓励外侨投资相关政策，即凡外侨在老挝投资工商业或者农、工、矿业者，政府可提供优惠政策，政策内容主要有：第一，1957年11月1日起的10年内，老挝侨商经营工商业所获利润，政府可基于实际情况免除其个人所得税或公司营利税；第二，老挝政府可豁免侨商所需设备的进口关税，仅收取25%的资本税；第三，自1957年11月1日以后两年内在老挝设立与农业、矿业开发相关的公司，可以减征25%的公司注册税，并且豁免不动产过户税等；第四，侨商工厂用地所需，可向老挝政府廉价租用；第五，老挝政府可为私人投资者在其创业初期资助三分之一的资金。[1]这在一定程度上刺激了老挝华侨华人的商业发展。尽管在1959年，老挝颁布了禁止华侨从事12种行业的法令，但过分限制华人经济的发展不利于老挝国内的经济发展。针对当局禁止从事的12种行业，老挝华商亦有面对之法，或是采取同当地人结婚并以老挝人的名义注册企业的方法，或是选择加入老挝籍。两种方法均在一定程度上减少了这一法令对华人经济造成的负面影响[2]。

1975年以前的华商是老挝商贸活动的主力，当时的老挝国内对于华侨华人采取相对温和的政策，华商得以稳定发展。一方面无论法国殖民时期或摆脱殖民统治后的老挝，均需要华人参与老挝的经济建设；另一方面相对温和的政策促使华商能够拥有稳定的经济环境，其经营产业也为老挝人民所接受。在相对温和的政策下，老挝国内社会对华侨华人有着较高的接纳程度，此时老挝的

---

[1]梁英明主编：《华侨华人百科全书·经济卷》，中国华侨出版社，2000年，第243—244页。

[2]许梅、郑可敏：《战后老挝华人社会的变迁与发展》，《八桂侨史》1999年第2期。

主体社会总体上呈现的是一种接纳华侨华人的局面，更易于接受华商经营的产业，华商的商业经营得以在稳定的社会环境下进行。华商在老挝构筑了庞大的华商网络，以万象为中心，连接上寮、下寮，使得华侨华人的经商网络遍布老挝，成为老挝经济建设不可或缺的一部分。就老挝极具代表性的三大城市而言，1975年之前，万象的商店约90%的经营者为华商，巴色华资商店约400多家，琅勃拉邦约200多家。①据统计，1959年华商商业经营占比约占老挝国内商业经营的80%，贸易公司达1400多家；1969年，华人经营的餐馆有200多家；1975年以前老挝华人经营的工业企业约为240家②。

　　诚然，与其他东南亚国家的华商相比，老挝华商经营规模相对较小。多数华商在经商初期多是走村贩货的卖货郎，通过不断经营开设了手工作坊、工厂或者商店。此时的老挝正处于低水平发展的经济状态，华商欲在此经济背景下进行发展，其商业经营必须与主体社会的经济形态相适应，因而华商在老挝的商业经营普遍规模较小，少有能与东南亚国家华人企业在资本与体量上比拟的企业。但相对温和的政策带来的利好，使得老挝华商在经过长足发展后能形成一定的经营规模，在老挝国内占据极其重要的经济地位。1975年以前老挝的中小型企业里华侨华人企业约占70%③，其商业资本约占80%④。

　　（二）中老关系严峻期的打击与起伏

　　1975年至1986年对于老挝华商而言是一个困境期，老挝华商的发展一度陷入停滞不前的状态。这一时期对于老挝华商的冲击主要来自老挝当局的排华政策。1975年，老挝人民革命党推翻君主制，建立老挝人民民主共和国。受当时越南排华浪潮的影响，老挝国内的华侨华人政策甚至是对华政策趋于严峻。20世纪80年代初，老挝制定了"东方战略"，发展与苏联的"全面合作"，同越南的"特殊关系"，确立亲越、靠苏、反华的政策，从而构建"印支经济一体

①张兴汉、刘汉标：《世界华侨华人概况（亚洲、大洋洲、非洲卷）》，暨南大学出版社，1996，第81页。

②梁英明主编：《华侨华人百科全书·经济卷》，中国华侨出版社，2000，第243—244页。

③吴元黎等：《华人在东南亚经济发展中的作用》，汪慕恒、薛学了译，厦门大学出版社，1989，第143页。

④李国卿：《华侨资本的形成和发展》，郭梁、金永勋译，香港社会科学出版社，2000，第232页。

化"。[①]由于老挝国内的工商业多由外侨经营，所以老挝国内的社会主义建设中将外侨作为工商业革命的对象，尤其是在工商业中占有重要地位的华商。加之老挝希望能够实现经济上的"老挝化"，因而采取更加极端的政策，强制老挝华商弃商从农，并关闭和接收大量华商商店、企业，甚至通过币制改革方案，没收华商财产。虽仍有少部分华商坚持在老挝经商，可在一系列排华政策的压力下无以为继，难有发展。富米·冯维希的《老挝和老挝人民反对美国新殖民主义的胜利斗争》曾评述，老挝的商业多掌握在外侨手中，法国殖民时代"在经营牟利中，法国资本家往往和外国的资本家，尤其是华侨资本家勾结在一起，在法国资本家的各个工矿企业以及公司中，工人大部分是越侨和华侨，都受到极端残酷的剥削，生活极为困苦"[②]。这一观点将华侨华人分为资本家与工人阶级两个阶层，虽然评述中仅仅是将华侨工人阶级作为改革的对象，但在实际的改革过程中华商亦被当成实现社会主义的改革对象，进而遭受打击。

1975年至1986年，受老挝国内激进且极端的排华政策的影响，华商发展一度停滞不前甚至急剧衰退。老挝华商面对的冲击主要来自两个方面。其一在于华商群体数量减少，老挝当局一系列激进且充满强制性的举措，使华侨华人以商业作为谋生手段难以为继，因而大多数华商选择转业，弃商从农。但相较于通过转业寻求新的谋生手段，大多数的华商倾向于离开老挝，逃亡至周边国家以及欧美国家。据统计，1975年以后，全球160万印支难民中，近30万来自老挝，其中老挝华侨华人约占三分之一[③]。在联合国难民署的估算中，1975年以来逃亡至泰国的难民有25万，约10万人前往美国[④]。至20世纪80年代初，老挝华侨华人数量从15万人缩减至约1万人[⑤]。艰难的谋生环境使得华侨华人数量急剧减少，华商群体数量亦随之减少。最典型的事例莫过于陈氏兄弟的经历，陈氏兄

①许梅，郑可敏：《战后老挝华人社会的变迁与发展》，《八桂侨史》1999年第2期。

②富米·冯维希：《老挝和老挝人民反对美国新殖民主义的胜利斗争》，人民出版社，1974，第11—22页。

③傅曦，张俞：《老挝华侨华人的过去与现状》，《八桂侨刊》2001年第1期。

④陈鸿瑜：《东南亚各国的政治与外交政策》，渤海堂文化事业有限公司，1992，第321页。

⑤庄国土：《略论二战以来老挝华人社会地位的变化》，《华侨华人历史研究》2004年第2期。

弟祖籍潮州，14岁时离开故乡，前往泰国打工，尔后又移居老挝经营木材厂，但20世纪70年代中期受老挝当时华侨华人政策的影响，陈家逃离老挝，移居巴黎，1976年陈家兄弟在巴黎成立了陈氏兄弟公司，最终发展成西欧最大的华商企业。其二在于经济活动受限，主要表现为华商店铺被老挝政府关闭或者接收。1975年以后，大量华人资本被老挝政府没收，华资工厂、商店或遭强制关闭或被政府接收。例如，华商陈玉龙1972年创建的夹板厂，有员工300人，后增至500人，经营前景可观，但1975年被老挝政府接收；1973年7月，越南虎标酒厂与老挝华商投资350万美元创立老挝啤酒厂，日产啤酒、汽水各2000箱，1975年亦被政府接收[1]。

受排华政策与一系列强制性措施的影响，老挝社会对华侨华人呈现的是一种排斥的局面，华商发展跌落低谷。华商群体数量的缩减及大量华人资本与商店、企业被老挝政府接收使得华商遭受前所未有之打击，华商乃至华人经济的极速衰退成为这一时期最为显著的特征。

（三）"新经济政策"后的恢复与发展

经历1975年至1986年的困境期之后，老挝华商在1986年迎来恢复，其标志为老挝政府对华政策的转好以及其后颁布了保障华商权益的新经济政策。20世纪70年代中后期及80年代初，老挝政府推行的一系列排华政策重创老挝华人社会，老挝华侨华人经济发展受挫，继而引发老挝国内严重的经济危机，社会建设严重缺乏资金。值此大背景之下，加之世界形势的转变，老挝开始谋求改善与中国之间的关系，受此影响，华商的处境也出现了变化。1985年，老挝当局不再选择与中国站在对立面，反而"诚挚地感谢"中国在老挝解放战争中提供的支持和援助；1986年，老挝人民革命党第四次全国代表大会上正式提出希冀能在和平共处五项原则的基础之上改善老挝与中国的关系；1990年，老挝提出"发展对中国的多方合作关系"，尔后进一步深化为"发展同中国的全面合作关系"，并将中国列为4个友好国家之一[2]。这一系列的举措均是为改善中老关系而提出的，这也标志着两国关系趋于缓和。

得益于中老两国关系的转暖，老挝华侨华人政策亦从严峻走向缓和。华侨

① 梁英明主编：《华侨华人百科全书·经济卷》，中国华侨出版社，2000，第244页。
②许梅：《老挝对华政策的演变与发展》，载《东南亚研究》1999年第1期。

华人政策转好给了华商一定的生存空间，而新经济政策的实施则为华商迎来复苏与发展。1986年，老挝为解决国内日益严重的经济发展问题，在老挝人民革命党第四次代表大会上提出贯彻实施"全面革新"的思路与政策。在"全面革新"的思路中，经济体制改革是重要内容，因而"新经济机制"由此诞生。其目标在于改善老挝国内市场环境，导入市场经济，实行改革开放，打破长期以来的封闭向世界开放，由此提高老挝人民的生活水平。1988年，老挝政府颁布"外资投资法案"，以此来吸引外资对老挝进行投资以及为私营企业营造发展空间。1991年，老挝人民革命党确定在基于党的领导和社会主义方向的原则之下正式实行对外开放。在"革新"思想下，老挝政府推翻此前对于华商的多种限制政策，此举无疑大大鼓励了此前迁离老挝以及转业的华商重操旧业。改革开放后老挝经商环境的改变不仅使其国内众多华商的权益得到有效保护，更掀起一股华侨华人投资老挝的热潮。此前逃往泰国、越南、美国、欧洲的华商开始重回老挝，中国大陆及香港、台湾地区的华商亦纷纷进入老挝，投资经商。大量新侨民进入老挝，华商群体不断壮大，且新侨民带来了更大的商业资本。据统计，在实施新经济政策后的1988年至1999年，仅来自中国台湾省的台商就多达30家，投资总额8000万美元，占老挝该时期外资投资总额的六分之一。

　　导入市场经济与实行对外开放政策吸引而来的华商构成了这一时期的新侨民群体。不同于老挝的土生华人，新侨民多面临入籍困难的窘境。1990年老挝政府颁布宪法规定，在老挝居住10年及以上者方可入籍，无老挝国籍的外侨虽在升学、居住、搬迁、经商等方面的权利与当地公民相同，但不准在政府机关任职、不准买卖房地产、不准参军。[1]随着华商群体的不断壮大，各华商之间开始打破以往独自经营的局面，寻求各行各业间的商业合作。早在华侨华人在移居老挝之时，为了彼此之间能够互帮互助以在陌生的环境中站稳脚跟，形成了具有方言集团性质的帮公所。如"二战"前，在万象、琅勃拉邦、川圹、沙湾拿吉和他曲等地成立了潮州公所、客帮公所、海南公所等，尔后在各大公所的基础之上建立了中华理事会，用以团结华商及加强华商之间的商业联系，且作为与老挝政府进行沟通的平台[2]。老挝华商最开始的商业合作往往是在各自的方

---

①范宏贵：《老挝华侨华人剪影》，《八桂侨刊》2000年第1期。

②山下清海、刘晓民：《老挝的华人社会与唐人街——以万象为中心》，《南洋资料译丛》2009年第4期。

言集团内进行，存在一定的行业壁垒。以老挝湖南籍华商为例，湖南籍华商多以大型市场或商业街为中心，集中聚居在一起或分布于市场周边，如万象的老中国城、邵东街、三江中国城等，社区边界明显，多经营五金、手机、家电等行业，而其他华商群体如浙江人多经营布匹窗帘、钱庄市场等；四川人多经营工程项目、餐饮小吃等；广西、云南人多经营农业种植等[①]。而中华理事会的成立虽提供了一个沟通与联系的平台，但其依旧摆脱不了地域性的限制，即中华理事会并不是全国性的华侨社团组织，它更多的是为某一地区的华商提供沟通交流的平台。但不容置疑的是，从"帮公所"发展至"中华理事会"，老挝华商间是一个不断加强联系的过程。2015年，老挝中华总商会在万象成立，这标志着老挝首个全国性华侨社团成立，其下设湖南商会、广东商会、浙江商会等分支机构，旨在为在老华商间的商业合作搭建新的平台，为加强华商间的联系并努力保持相互依存的和谐关系提供助力。因而，老挝中华总商会的功能在于加强华商之间的联系，打破行业壁垒，改变以往分散经营或者各自经营的景况，使老挝华商能够加强沟通，通过华商之间乃至行业之间的联系性增强以期获得新发展。

五、多元政策下当代老挝华商发展新趋势

进入21世纪之后，随着全球化的进一步深入，流动性成为新世纪一大显著特征。这种流动性催生了新型的国家、地区之间的合作，因而相关的国家往往实施多项政策来获得发展空间。老挝致力发展经济，摆脱国内经济发展落后的局面，因此在全球化的浪潮下，难免会参与至全球资本、人才的流动之中。自19世纪末老挝华商迎来复苏之后，流动性已经成为其特征之一。21世纪，全球化与流动性成为影响国家、地区发展的重要因素。老挝参与至全球化过程中制定的一系列政策以及国际上的相关政策均会对华商产生重要影响，多元化的政策对华商而言既是机遇亦是挑战。在多元化政策的影响下，当代老挝华商发展的趋势在于被置身更加广泛的国际经济交流之中。

受全球化浪潮以及老挝国内经济发展的需要，老挝政府确立多边外交关系和制定多元外交政策。2001年老挝七大召开，提出推动自然经济向商品经济

---

①周大鸣、张恩迅：《湖南人在老挝的迁移与适应研究》，《云南民族大学学报》（哲学社会科学版）2017年第6期。

转型的政策，加快推进老挝国内经济建设。处于转型期的老挝急需大量的资金与人才对国内进行投资建设，大量投资移民受此吸引进入老挝。2002年东盟首脑会议期间，中国与东盟10国达成建立自由贸易区的协议，且自2004年1月1日起，向老挝、柬埔寨、缅甸的对华商品实施特惠关税待遇或零关税待遇。①这一系列政策在为老挝国内社会经济建设提供支力的同时，也为华商营造了发展空间。在这些政策的实施下，来自东南亚、中国乃至全世界的剩余资金可以向老挝转移。据统计，在老挝政府提出向商品经济转型的第一年即2001年，单中国在老挝的投资逾1.8亿美元，涉及86个项目。②因而老挝华商可以利用自身优势，在资本大量涌入之时寻求合作契机，壮大自身实力。实际上早在新侨民进入老挝投资之时，老挝华商就开展了与新进资本之间的合作，但在全球化不断深入的21世纪，这种合作将会更为广泛的开展。

2016年，中国与老挝签署《中华人民共和国和老挝人民民主共和国关于编制共同推进"一带一路"建设合作规划纲要的谅解备忘录》，双方一致同意秉持"一带一路"合作、发展、共赢的理念，按照共商、共建、共享原则，扩大在双方共同关注领域的多元化、多层次合作，不断创新合作机制、模式和内容。双方商定，在中老两国《共同推进"一带一路"建设合作规划纲要》中纳入基础设施、农业、能力建设、产业集聚区、文化旅游、金融、商业与投资等合作领域，并围绕其开展合作。中国与老挝更加全面、深入的合作无疑为老挝华商带来新的发展机遇。老挝华商在老挝经营之久，构建了庞大的华商网络，在两国的互联互通合作中找到契合点。一方面，中老两国进一步扩大在投资、贸易、金融、交通、新兴产业和人文等领域互联互通，这对在老挝的华商来说，可以充分发挥多年积累的资源和华商网络优势，实现更大的发展；另一方面，对熟悉老挝政治、社会、经济环境的华商而言，可以从老挝由"陆锁国"向"陆联国"转变的长远战略中寻求更大的发展空间。③据统计，2020年，中资企业对老挝全行业直接投资额达12.4亿美元，老挝华商在与中资企业合作中不仅

①德木沙克、林秋明：《21世纪东盟与中国：睦邻互信的伙伴关系》（东盟秘书长特别助理德木沙克在中国（广西）—东南亚经济合作论坛上的发言），《东南亚纵横》2003年第1期。

②刘咸岳、黄铮主编：《2001—2002年东南亚发展报告》，广西人民出版社，2002，第136页。

③方芸：《老挝华侨华人与"一带一路"建设》，《八桂侨刊》2018年第2期。

自身获得发展，也为中资企业在老挝的投资活动以及老挝社会经济建设架起合作的桥梁。如万象市的三江国际商贸城是由中资企业进行管理，其内拥有约500家华商商店，华商大量雇用老挝员工，为当地提供超过1000个就业岗位，并以三江国际商贸城为中心建立起三江新商业区。①由此可见，老挝华商在"一带一路"建设中能有效促进中国与老挝之间的合作。华商在老挝经营多年，对老挝文化更为了解，因而其具有中国与老挝双重文化结合的特点。此外，对于土生华人而言其久居老挝，逐渐走向"在地化"，即逐步融入老挝社会，这一因素亦使得老挝华商更为老挝人民所接受。因而，老挝华商在一定程度上能够成为中老两国的"一带一路"建设合作的桥梁与纽带，高效促进两国之间的合作。

不难看出，在政策多元化的21世纪，老挝华商发展的新趋势在于广泛参与不同国家、地区、群体间的经济交流，交流之中机遇与挑战并存。并且在这些广泛的交流与合作中，华商的身份或文化认同可能会得到强化。首先是老挝华商本就具有双重或多重文化背景，在进行交流与合作中，华商为达到经济利益的最大化可能会强化某一文化认同感。如此前土生华人为融入老挝社会以及获得经济发展选择入籍老挝，这便是强化了对老挝社会文化以及老挝籍身份的认同。其次在中老两国合作中，老挝华商为更好与中资企业合作，其中华文化认同或许在一定程度上会得到加强。在中国的"十四五"规划、"一带一路"倡议、大湾区建设等一系列政策措施中，海外侨商是重要一环，被视为中外经济文化交流的纽带。因而在中老经济合作中，老挝华商中华文化认同会在一定程度上得到强化，继而激发老挝华商的原乡情节，其也会更好地参与祖籍地建设或促进中老项目落地的实现。

诚然，全球化深入带来新发展机遇的同时会带来许多新的挑战。受老挝经济环境影响，老挝华商整体上经营规模小、层次低，经济整体上与老挝经济形态相适应，不乏小本经营的华商，如餐馆、五金店、维修店以及各种零售商店，其资本量远小于大型企业或跨国公司，在全球化的浪潮中，其生存空间有可能被进一步压缩。

---

① 《服务社会，基业长青——老挝三江有限公司履行社会责任》，《益友园》2012年第6期，第27—29页。

六、结语

老挝华侨华人热心于商业经营，少有政治地位的诉求。因而老挝政府制定的一系列华侨华人政策势必会对华人社会产生重大的影响，且华侨华人只能被动地去应对，这就造成华商发展的坎坷性。在纵向多元化的华侨华人政策下，老挝华商在不同历史时期发展不一。其经历了1975年以前的辉煌时期，1975年至1986年排华浪潮影响下的起伏期，1986年后的恢复与发展期。在其演变史中老挝华商自有其特征，尤其是老挝华商曾一度占据较高经济比重这一特点，是老挝华商与东南亚其他国家华商有所区别且成为其显著特点之所在。老挝华人社会存在着方言集团，且大多因经商而紧密联系在一起，在老挝华商的发展史中，族缘、地缘以及业缘或是他们前往老挝经商的拉力之一。而在华商群体内部，由于商业联系较为频繁，因而多处于业缘性的社会网络结构中。新侨民进入老挝至今，老挝的经济仍旧处于一个不断发展的状态，仍旧有着极大的发展空间，这亦会形成华商进入老挝投资的拉力。

在老挝华商的发展史中，老挝当局多元化的华侨华人政策以及事关华商发展的经济、外交等一系列政策对华商发展有一定的影响。首先多元化的政策强化了老挝华商的文化或身份认同。其中尤以对土生华人的影响最为明显。当代以后，老挝当局施行的多元化的华侨华人政策以及事关华商发展的经济、外交等一系列政策为华商营造了良好的经营环境。因而为更好在老挝进行经营活动，多数华商加入老挝国籍。对于入籍困难者，亦会通过与当地人结婚的方式以便进行商业经营。因而正是在多元政策的影响下土生华人中的华商在异文化的社会环境中实现"在地化"，华商能够接受加入老挝国籍以及与当地人结婚，也在一定程度上证明其对于居住国文化、身份的认同。所以，多元政策所营造的极具吸引力的经商环境，一定程度上强化了土生华人中华商群体的文化或身份认同。其次，多元化的政策加强了老挝华商的流动性。当代老挝华商的发展史，是一个流动性被逐步放大的过程。对于土生华人而言，良好的经商环境、相对宽松的入籍政策使得他们在老挝经商的同时在此定居生活，虽会有边境贸易所需带来的小范围内的流动，但整体上呈现"住商十年"的特性。但在新侨民进入之后，随着老挝入籍政策的收紧，华商入籍形势变得严峻，加之随着新侨民而来的华商多为投资移民，并无强烈的入籍需求，因而老挝华商这一时期流动性的特征进一步放大。21世纪之后，老挝为加快国内社会经济发展需要制定的一系列政策使得华商被置于一个更加广泛的国际间、地区间的经济、文化上交流与合作，加之中国在21世纪所规划的一系列发展战略强调了海外华商在其中的重要作用，并积极引导海外华商参与一系列的交流与合作。这在一定程度上会加强老挝华商走向更加广泛的商业环境，并进一步参与全球化之中，从而加剧其流动性。所以，在多元政策的影响之下，老挝华商一步步改变类似于传统意义上"住商十年"的特点，流动性这一特征则被逐步加强。

泰国华商方言群经济浅析①

李莫娴②

【摘要】华人在不断移民泰国的过程中，也在以"社群式"的生活方式开始出现了"帮"或者"帮群组织"，而"帮"的划分多数以方言群为主要依据。移民泰国的潮州、福建、海南、广西、客家、云南六大方言群，时间不一，人群分布不同，移民类型也相互交叉，因此方言群中华商分化出不一样的商业和职业。论文通过分析历史文献资料，通过对比的方法，对潮州、福建、海南、广西、客家、云南六大方言群给泰国带来的经济影响进行探讨，有助于进一步连接中泰两国的友谊，也有助于其成为推动"一带一路"建设的一股重要力量。

【关键词】泰国；华商；帮群

东南亚地区的华人经济素有"华人钱库"之称，作为我国的近邻国家，泰国当然也不例外。与西方资本相比，泰国华商资本走出了一条独特的道路，形成了鲜明的特色。华人方言群扮演着非常重要的角色，其中对泰国华商贡献较为突出的有来自中国潮州、福建、海南、广西、客家、云南等地的华人。在当今国际环境下，深入了解泰国华商方言群的经济状况，有助于进一步连接中泰两国的友谊并使其成为推动"一带一路"建设的一股重要力量。

一、相关研究综述

（一）西方学者的研究成果

目前，西方学界对泰国华人华侨的研究是较早的，特别是"二战"后到

---

①本文为国家社科基金重大项目《世界华商通史》（批准号：17ZDA228）子课题《亚洲华商通史》成果之一。

②李莫娴，广西民族大学2020级民族学硕士研究生。

20世纪70年代为鼎盛时期。最早在专著中论述泰国华人的是英国伦敦大学教授布赛尔（Victor Purcell）的 *The Chinese in Southeast Asia*[①]，其中有特别论述泰国华人的内容。关注泰国华人的还有兰敦（Landon），其著作 *The Chinese in Thailand*[②]评价了20世纪初期在泰国华人经济和社会的发展状况。20世纪50年代有美国学者史金纳（Skinner）先后发表了关于泰国华侨华人研究的两部著作和数篇文章。其著作 *Chinese Society in Thailand*：*An Analytical History*[③]系统论述了从18世纪到20世纪50年代的泰国华人社会发展和变化，提出"华人同化论"的观点，强调泰国的华人政策是华人同化的主要原因；其另一部著作 *Leadership and Power in the Chinese Community of Thailand*[④]强调了其同化论的观点，对泰国华人社会的领导与权力之间的关系进行了分析。继史金纳之后，同样持同化论观点的Dibble—Charles Ryders的博士论文 *The Chinese in Thailand Against the Background of Chinese-Thai Relations*[⑤]从历史上的中泰关系角度出发，对泰国华人的移民史和发展史进行了讨论。1968年，Alan.Edward Guskin的博士论文 *Changing Identity*：*The Assimilation of Chinese in Thailand*[⑥]用大量的数据分析了年青一代华人的认同状况，支持了史金纳的"同化论"观点。上述史料基础扎实，既叙述了泰国华人的移民史，又论述了泰国华人的社会、文化、经济和政治领域的情况，为之后研究泰国华人提供了丰富的材料、方法和思路。

（二）中国学者的研究成果

中国学者的研究成果开始更早地体现在台湾省一些学者的研究上。1957

[①] Victor Purcell，*The Chinese in Southeast Asia*.2"d ed.Oxford：Oxford University Press，1980.

[②] Landon Kenneth Perry，*The Chinese in Thailand*，London.New York：Oxford University Press，1941.（Reprint of the 1941 ed.New York .Russell & Russell 1973.）

[③] C.W.Skinner.*Chinese Society in Thailand*：*An Analytical History*.New York：Comell University.1957.

[④] C.W.Skinner，*Leadership and Power in the Chinese Community of Thailand*，Ithaca.N.Y：Cornell University Press.1958.

[⑤] Dibble—Charles Ryders，*The Chinese in Thailand Against the Background of Chinese-Thai Relations*，Thesis（Ph.D.），Syracuse University，l961.

[⑥] Alan.Edward.Guskin，*Changing Identity*：*The Assimilation of Chinese in Thailand*，Thesis（Ph.D.），the University of Michigan，1968.

年，曾建屏出版了《泰国华侨经济》一书，1958年台北华侨志编纂委员编印了《华侨志——泰国》一书，这些书都关注了20世纪上半期泰国华人社会的经济和社会发展状况。20世纪70年代以来，庞新竹的论文《泰国华人经济之研究》、李道缉的硕士学位论文《清末民初潮州人移植暹罗之研究》和博士学位论文《国家的迷思——国族建构·与泰国华人国家认同（1910—1945）》都是对泰国华侨研究的典型范例。他们关注泰国华侨华人的经济、同化、移民史等各个方面。2000年以来对泰国华侨研究的有《泰国政府对华文教育政策之研究》《14—19世纪暹罗华人的经贸发展研究》《泰国华人资本积累与变易》等。这些成果为泰国华侨华人研究奠定了良好的基础。

中国大陆方面对泰国华人的专题研究从20世纪80年代开始，如出现了一些关于泰国华侨华人的书籍的回忆录，比如《泰国归侨英魂录》《泰国华侨华人史话》《湄江风云——泰国华侨抗日爱国活动回忆录》等。关于泰国华侨研究内容比较丰富的还是关于泰国华侨华人宗教信仰的，比如石维有的《战后泰国华商发展史研究》[①]、张红云的《滇人移居泰国、缅甸的原因及其经济活动》[②]等。这些硕博士论文以大量的资料对泰国华侨华人的社会、经济发展、移民轨迹、社团发展等方面进行了深入的论述。中国学者对泰国华侨华人的研究不仅包括泰国的华侨华人的历史、经济、政治、社团、文化、宗教、特殊的移民群体等。让我们对泰国华侨华人有了更为深入的了解，给后来的学者们提供了泰国华侨华人的研究资料，还在泰华移民史、当代泰华社会的发展与变化以及发展史等方面，逐步填补了我国学者对泰国华侨华人研究的不足。

（三）泰国学者的研究成果

1993年，泰中学会成立，在黎道纲和洪林等一批研究工作的学者带领下，连续出版若干篇关于华人研究的期刊《泰中学刊》[③]。2000年，华侨崇圣大学在郑午楼博士的带领下，出版了三辑《泰国华侨华人史》[④]的论文集，并成立了泰

---

①石维有：《战后泰国华商发展史研究》，博士学位论文，厦门大学东南亚研究中心，1999。

②张红云：《滇人移居泰国、缅甸的原因及其经济活动》，硕士学位论文，云南师范大学，2002。

③泰国泰中学会主编《泰中学刊》，泰国泰中学会，1994—2005年，各期。

④华侨崇圣大学泰中研究中心：《泰国华侨华人史》，华侨崇圣大学泰中研究中心，2003。

中研究中心。除此之外，2006年，由黎道纲和洪林主编的论文合集《泰国华侨华人研究》[1]出版。泰国华人外交官萨拉信·威拉蓬博士以一个华裔的身份写了《南洋华人》（*The Nanyang Chinese*）[2]描述了华人如何被同化入泰国社会以及对华人来说如何更好地融入。中泰建交之后，泰国学者开始注重研究泰国华人经济、政治和文化。素攀·占塔匿（Supang Chantavanich）系朱拉隆功大学亚洲移民研究中心的著名学者，于1990年起相继发表和出版了其对华人研究的成果，并与中国学者共同承担泰国潮州人及其故乡潮汕研究计划，研究成果先后以中文和泰文出版[3]。这些论文集不仅包括了泰国华社的社会、宗教、经济、艺术，还包括了中泰关系等方面。泰华学者对泰国华侨华人的研究成果是以一种独特的本土人的眼光看待华人，所做出的研究成果内容翔实，且给后人提供了新的研究思路。

二、泰国方言群从移民到定居

泰国，可以说是华人在东南亚几个国家中融合得最好的国家。通过研究华人的移民史，去分析华人方言群在泰国分布的形成原因，再从地域分布以及移民史去探讨华人的经济类型。华人不管以什么方式移民，以什么职业在泰国定居，都有统一的社交网络，相互交叉，以"帮"或"帮群组织"共同生活，其主要目的是相互帮助、共同在国外生存并发展下去。

（一）"帮"和"帮群组织"

移居泰国后，华人一般过着"社群式"的生活。因为不管是个体的移民还是群体的移民，他们的生活圈总是离不开各种各样的华人社团（包含华人庙宇的、经济的以及娱乐文化的等）。大多数社团是为了华人之间在海外相互帮助，因此形成了华人社会的网络。总的来说，泰国的华人社团可以划分为三种构成方式：第一种是地缘性和方言组织，其形成的基础原则是同乡或者有着一样的方言口语；第二种是宗亲组织，是建立在血缘关系上，泰国许多地方存在

---

① 洪林、黎道纲：《泰国华侨华人研究》，香港社会科学出版社，2006。

② Sarasin Viraphol，*The Nanyang Chinese*，（Bangkok：Institute of Asian Studies），1972.

③ 参考朱拉隆功大学亚洲研究所1991年编的《泰国潮州人及其故乡潮汕研究计划第一辑：潭林港（1767—1850）》，以及1997年所编的《泰国潮州人及其故乡潮汕研究计划第二辑：汕头港（1860—1949）》。

着"义山"一说，是宗亲组织的又一根据；第三种是同业公会，这是从商业的角度划分的，一般是指有相同的商业或经济活动的华人社圈，比如泰国的曼谷火砻公会（下文会有所涉及）。而这些社团的划分并不是有着清楚的界限，是混合的错综复杂的，但是所有社团的交叉点都与地缘性组织和宗亲组织相互联系。

因此在社团的划分上，地缘性和血缘关系便形成了帮内和帮际的关系，所谓的帮内关系便是拥有血缘纽带、地缘相同、居住在相同的地方或使用相同的方言的亲和力，其相互关系更加亲密、频繁，所建立的联盟也更制度化、持久和稳定，帮内关系建立在这些基础上使得华人社团有统一的制度并在国外维持下去。帮际关系则是指与帮内相比没有这些原生关系的华人社会组织。要想在海外维持华人社会的运作，华人移民就必须建立自己的社团和组织。而这些社团和组织的形成取决于华人内部的因素，包括因地缘、方言、风俗、习惯等不同进而形成"帮"的社群和组织。①泰国华人移民社会有六大基本地缘性和方言帮群，即讲闽南语的福建人（闽帮）、讲广府方言的广府人（广帮）、讲潮州方言的潮州人（潮帮），还有讲海南话的海南人（琼帮）、操客家话的客家人（客帮）和讲云南方言的云南人（滇帮）。潮州人是泰国最大的华人方言帮群，经济力量雄厚且人口众多。

"帮"和"帮群组织"所涉及的内涵，在包括人类学、民族学、历史学等多个学科的海外华人社团研究中，一般是从地缘、血缘、"业缘"等因素视为华人移民人群结成关系之文化纽带，并认为是基于这样的认同关系而建立了各种各样的华人社团。可以说移民个人的认同意识及其差异，是华人社团分类与建立的内在文化因素。从某种意义上，我们可以认为"帮"是殖民地时代华人移民社会的另一种"分类法则"。但是我们也要清楚"帮"并非针对移民个体而是群体，是对华人移民社群关系的描述。因此，如果说会馆、宗亲会、同业会等华人社团是基于移民人群结成关系而建立的，那么"帮群组织"则是华人移民社群分类与整合的产物。

（二）帮群的移民史

移民泰国的华人大部分来自中国东南沿海城市一带，且从一开始的移民到

---

①陈荆和、陈育崧：《新加坡华文碑铭集录》，香港中文大学，1972，第5—19页，第222—223 页。

现在的移民，大致可以分为以下几种类型：第一种是因政治避难而移民，虽然这种原因的人不多但也是移民的原因之一；第二种是商贸移民，特别是17世纪的中国港口开放大量的贸易移民到泰国；第三种是靠手艺或者其他各种职业类型移民泰国谋生。但是这些移民的类型并不是绝对的，这些移民的原因是相互交叉存在的。

1.潮州人（潮帮）

泰国前总理克立·巴莫亲王曾经说过："泰国的繁荣，华人付出了很大的努力与血汗，尤其是潮州人。"[1]在泰国的华侨华人中，潮州籍华人约占70%，其他依次是广府人约占9%、福建籍华人约占7%、客家籍华人约占6%、海南籍华人约占5%、云南、广西、江浙以及台湾等地区人约占3%。历史上第一批移居泰国的潮州人，一般认为最初是在中国的南宋末年。在13世纪初，追随宋室抗元失败后的一部分潮州人乘船逃往暹罗湾，并登陆移居泰国，另一部分参加陆战的潮州人则从越南逃到泰国。历史上第二批潮州人大规模群体迁移泰国是在明代万历六年（1578年），由潮州府小吏林道乾对抗明朝海禁的统治后率领二千多人到泰国南部的北大年定居。

第一个高峰期是18世纪末至19世纪中叶。泰国阿瑜陀耶王朝被缅军消灭，潮州华人郑镛的儿子郑信（1734—1782），与当地人民一同起兵反缅，并最终取得胜利，建立了泰国历史上第三个王朝——吞武里王朝（1769—1782）。因此，潮籍华人在当时比其他地区的华人群体更受尊崇，并被称为"皇族华人"。郑信在建立王朝后，与中国帝王建立了友好关系，并取得中国帝王对其合法政权的承认。这有利的政治局面，吸引了一批又一批潮州人移居泰国。这与泰国在人口数量上需要大量的劳动力也有着密切的关系：其一，泰国的第四个王朝——曼谷王朝（1782年至今），建设新都需要大量的劳动力。其二，拉玛四世（1851—1868）到拉玛五世（1868—1910）期间，泰国开始进行改革和开凿运河、建设铁路、发展生产等，需要大量的劳动人手。因此促使更多的潮州人移居泰国。

相对于中国对海外贸易的需求，移民更为显而易见。从清朝康熙年间（1662—1722）澄海的樟林便成为粤东海运贸易的集散地和重要港口。为了解

---

[1] 张仲木：《华人经济活动的分区与分工》，《泰国华侨华人史：第二辑》，华侨崇圣大学泰中研究中心，2004，第80—84页。

决中国南岸沿海城市粮食不足的问题，清政府于康熙六十一年（1722年）允许福建、广东、浙江3省和南洋进行贸易，并鼓励商船运载泰国大米到闽粤两省济缺粮之急。为了解决中国南海岸城市米荒，清政府还公开奖励贩运泰国大米，在清政府的鼓励下，潮州商民也纷纷造船往泰国贩米。这就使潮州和泰国结下了不解之缘，大量的潮籍商民移居泰国。

潮州移居泰国的又一个高峰期是19世纪末至新中国成立前。这个时期的中国正处于水深火热之中，不仅灾难严重，而且外有列强入侵，位于边防重地的沿海地区的人民更是深受其害。第二次世界大战期间，日军入侵潮州，导致百业凋零，生产失常，百姓流离失所，背井离乡。潮州地区不仅地少人稠，而且遇到了自然灾害。1943年，潮汕地区春旱严重，从1942年9月至1943年5月，连续9个月没有下过透雨，赤地千里，粮价日涨数次，一些地方出现饥民成群结队沿途抢食情形。国民党广东省第五区行政督察专员公署虽于5月20日召开救济粮荒会议，然而国民党政府和日伪政权的地方官员勾结地主、奸商，囤积居奇，操纵物价，致使粮价不断飞涨，甚至有人贪污、克扣大量赈济款物。因此灾民流离失所，且疫病流行，饿莩载道。庵埠日死数百人，死后皆裸葬。诸多天灾人祸使得潮州人民生活在水深火热之中，同时许多手工工匠和小商小贩纷纷破产，饱受煎熬的潮州人民开始寻求生活的出路，便有了下南洋向海外寻求生存与发展的状况，从而构成潮州人移居泰国的高峰期。

总的来说，中国所有地区中，潮汕和泰国拥有最为紧密的联系，潮汕人移居泰国约始于南宋末年。明朝时，澄海人林道乾和他的部属二千多人到过泰国，明万历年间（1573—1620），林道乾当了泰国南部大年（即北大年）的客长。1861年汕头开埠以后，对外贸易和人们出国口岸逐渐移到汕头港。

2.福建人（闽帮）

据史料记载，中国福建人移民泰国是在16世纪末，当时两千名福建人已经在泰国的帕塔尼建立生活区。在明代，中国航海技术的发展以及中国对外贸易空前发展，闽南一带的商人借此机会开始了中泰两国之间的贸易生意。商人由每年的东北风季节顺风运载货物到达泰国的阿瑜陀耶卸货做生意，到了西南风季节，又把泰国当地的商品运到中国，往返刚好一年。1660年，中国移居泰国的华人已有上万人，此时占绝大多数的是福建人，据有关记载，泰国王朝曾经任命福建人作为地方官，比如吴扬家族和许泗章家族均有史例可以为证。福建人在泰国王室支持的优势下，利用泰国王室给的特权顺势承担了贸易、税务官、仓库管理员等职位。

3.海南人（琼帮）

移居泰国的海南人大多数来自中国海南东北部的琼山和文昌两个地区，海南人移民泰国的人数仅次潮州人和福建人。18世纪到19世纪，海南岛与东南亚地区的商业联系更为密切，因此海南成为中泰贸易一个重要中心。据记载，海南与泰国之间贸易的船只是比较小的帆船，海南人的小帆船不足二十吨，由来自海南的船员掌管[①]。但是繁盛的时期，每年都有好几十艘帆船在中泰之间穿梭进行贸易，这些返回的船只大多数运载泰国的土特产，如特色大米、木材、棉花等。

海南人移居泰国主要有两大原因：第一个原因是有移居泰国的亲戚朋友，在亲戚朋友的带领下到泰国做生意或谋生；第二个原因是中国的鸦片战争之后，一些贫困的海南人为了生存而南下泰国。第一个原因依据是史金纳的说法，泰国文献中19世纪以前没有关于海南岛居民迁移泰国的记载。海南人移居泰国多数是通过福建或广东等地已经在泰国定居的亲戚朋友，通过在亲戚朋友那里声气相通获得移居泰国的信息，这也成为促使海南人民向海外移民的一个重要的有利条件，即通过亲戚朋友在海外良好的发展情况，有人便会前往南洋投亲靠友，移居谋生。但是也有少部分人为了经商，南下做生意并定居泰国，很大一部分人是通过福建或广东在已经移居泰国的亲戚朋友的带动下移居泰国。海南人移居东南亚一带日渐增多的第二大原因是1842年鸦片战争后，中国闭关锁国的状况被打破，以及中国海禁渐渐地被迫取消，各个出口海港被强制打开。

4.广西人（广帮）

广西人移民泰国的历史可以追溯到西汉时期，当时的广西合浦港就已经成为中国对外贸易的"海上丝绸之路"的重要站点，到了唐宋、元明清直至民国时期，广西人移居东南亚的现象越来越显著。广西人下南洋的历史，大致可以分为三个时期。第一个是政治避难时期，时间大致为太平天国起义后期，即18世纪中叶至1900年。第二个是谋求生存时期，即清末民初（时间约为1901至1920年），当时的广西人多地少，再加上地主盘剥，高利贷压迫很重，人民生活困苦不堪，不得不外迁求生存。当时下南洋的广西人主要是容县、北流和岑

[①] Ivon A.Donnelly.*Chinese Junks and other Native Craft*.Shanghai.1924.p.115.

溪三县，博白、藤县和梧州等地人次之。他们大多数人主要通过马来西亚向南迁移到泰国勿洞。第三个是躲避战乱时期，即1920年至1940年，当时的广西，军阀连年混战，到处抓壮丁，国内兵荒马乱，因此，除了生活所迫，不少人还会为了躲避国民党的征兵而出逃南洋。

5.客家人（客帮）

客家人旅居海外的历史悠久，海上武装集团反抗明朝的林道乾失败之后，于明万历元年（1573年）率部数千人逃到柬埔寨，后到泰国南部北大年定居。客家人开始大量移居泰国，也是在康熙二十三年（1683年）解除海禁之后，尤其是1722年开始的中泰大米贸易之后。从1860年到19世纪末，中泰之间的大米贸易更加频繁，这使得厦门、汕头、海口三个港口从由帆船运输变为用轮船运输，同时港口的发展也导致了人口的迁移，潮州人、海南人和客家人在港口这一有利地理位置下，更多地选择移居泰国。

20世纪20年代泰国官方在对曼谷内区进行的人口统计中，华人人口共有91416人，其中中国潮州人有五万多人，广府人有两万余人，接下来就是客家人八千多人[①]。由此可见，19世纪末20世纪初，曼谷的客家人不仅人数众多，而且是曼谷华人中一支重要的力量。客家人随着泰国国内铁路线的修建，沿着铁路线逐渐深入泰国内地各大市镇中。比如20世纪初，帕府（Phrae）以南的能知县（Denchai）就是一个由潮州人和客家人建立起来的县。

6.云南人（滇帮）

据记载，清初顺治十八年（1661年），南明永历帝从云南逃往缅甸，从者千余人，其中到缅甸曼莫时，"王自蛮莫舟行，从官云散，有入古剌者：马九功、江国泰等，有入泰国者"。[②]据说这些随从中很多是云南人，清初即有关于云南人到泰国的记载。由于云南地处祖国边陲，与泰国山水相连，所以云南人历史上与泰国交往甚密，与其他的华人从海上移居泰国不一样的是，云南人从陆路来到泰国从事贸易之后便定居在泰国等地。移居泰国的云南人大部分是回民，据泰国学者研究，19世纪初，清迈已经开始有许多云南回民定居。

---

①Junko Koizumi, *Historical Sources on the Hakka in Thai*：An Introductory Note，《客家研究辑刊》2005年第2期。

②邓凯：《求野录》，载方国瑜主编《云南史料丛刊》（第四卷），云南大学出版社，1998，第737页。

各个方言群移民的时间和移民的条件，以及移民的类型，都会直接或者间接影响每个方言群移民到泰国的人口分布。移民的数量在扩大的同时，华人的分布也会不断改变，由原始登陆暹罗湾地区的港口以及主要河流的下游一带的城镇，慢慢转战到泰国的城市中心。除此之外，影响方言群人口分布的，还因为泰国城市发展，如曼谷修建铁路，需要大量的劳动力，华人随着铁路的修建开始定居泰国的首都。总的来说，随着华人移民大量涌入，华人定居点开始由南向北、港口向内地、城镇向农村扩散。

（三）各帮群的人口分布

17世纪，泰国境内相对于其他的方言群的华人人数最多的是福建人，但是到了18世纪下半叶，从达信王朝开始到曼谷王朝初期，是泰国华侨的帮派势力分布和地位发生变化的转折点，福建人的数量渐渐退居潮州人之后，在此后的一百年期间，福建人和潮州人的地位完全颠覆，福建人逐渐从泰国首都退居泰国南部地区。19世纪，福建人主要集中在泰国的两个地方：一是曼谷及附近的贸易城市，在内地农村的福建人比较少；二是泰国南部一带。

由于海南人比潮州人和福建人更晚到达泰国，因此大多数移居泰国的海南人相对更为贫困，并且在泰国没有像潮州人那样得到"王室华族"的荣耀，也没有得到像福建人那样被泰国王朝命名的地方官的特权，因此难以在城市中心地区和福建人、潮州人以及广东人进行竞争。道光二十八年（1848年），在建造圣娘正室碑道的基础上，泰华圣娘庙通过筹款的方式进行扩建，捐助者有琼籍商号及个人130多个。①除了泰华圣娘庙，1871年海南人还在曼谷修建了昭应庙，这两个庙足见曼谷是海南人重要的聚居地之一。除了曼谷，泰北各个地区也是海南人主要的分布地，可以说泰北的空丹、程罗等城镇由海南人开荒成埠。到了19世纪中期，由于泰国内地的开放以及曼谷城市的开发需要大量的劳动力，使得更多的海南人有更多的机会移居泰国，泰国的海南人人数渐渐增多，并且经商者颇多。

19世纪末20世纪初，客家人遍布泰国各地，在曼谷主要集中居住在三聘街地区。据记载，20世纪头十年，泰国的官员发现在三聘街的一千多家商铺中，

---

①傅吾康、刘丽芳：《泰国华文铭刻汇编》，新文丰出版公司，1998，第22—43页。

有30家是属于客家人的①。根据客属总会的非正式统计，目前的泰国客家人大约有30万人，占泰国华侨的10%。在这30万客家人中，祖籍来自梅县最多，其次是丰顺、惠州等地，还有少部分的客家人是来自福建永定和招安及广西的客家人。这30多万客家人中，有约一半居住在曼谷，并在曼谷建立了客属总会，有一半散居泰国各地，以泰南的合艾、勿洞两埠最多。

从人口波动来说，纵观19世纪移民泰国的华人方言群，潮州人人数日渐增多，而福建人的比例日益减少。随着19世纪下半叶泰国经济的发展，大多数海南人、客家人以各种劳工的身份来到泰国，19世纪末，海南人和客家人增多，甚至超过福建人。但总体来说，潮州籍华人人数逐渐超过其他方言群的华人而稳居首位。尤其是1860年汕头开埠后，方便了潮汕人出国，因此潮汕人大规模移民泰国。而且19世纪下半叶泰国大米相关的出口业、种植业、碾米业的发展，需要大量的劳工，潮汕人当然最受业主的欢迎。相对来说，广州港口通商之后，闽南人较多移民马来西亚、印尼、菲律宾等地，少数福建人因橡胶种植、锡矿开发而来到泰国南部当工人。

就地域分布而言，17世纪福建人就因贸易来到泰南，至19世纪福建人都多居住在泰南地区。19世纪上半叶，潮州人在曼谷起家，因此他们多居住在曼谷及其附近地区。19世纪末，随着铁路的修建，各个方言群的足迹遍及泰国境内。海南人大多是从事海上中泰贸易、苦力、木匠、矿工和小贩，海南人几乎沿着铁路的延伸深入北揽坡以北的地区。泰南的客家人主要是从事劳工，曼谷的客家人大多是小商人、小技工或是各种劳力，随着铁路的修建，客家人也深入泰国内地各府。19世纪来到泰国的广府人相对较少，他们大多在曼谷等比较大的城镇经营各种店铺或是各种工匠和技工。而人数较少的云南人，主要是从事云南与清迈之间的陆上贸易。19世纪泰国华人方言群的人口、分布格局和经济社会地位差别的特点，基本上奠定了20世纪泰国华人社会中各个方言群之间社会地位和经济实力差异的格局。

三、泰国华人帮群经济

泰国华商的资本积累大概可以分为三大时期，最原始的积累要追溯到

---

①Junko Koizumi，*Historical Sources on the Hakka in Thai：An Introductory Note*，《客家研究辑刊》2005年第2期。

拉玛五世和拉玛六世时代（1873—1927）之前，这段时期的华商才正"小鸡破壳"——还是个雏形状态的小资本；在拉玛七世至拉玛八世时代（1927—1947），这一期间泰国华商的资本慢慢转变发展为中型资本；在拉玛九世时代（1947年至今）已经发展成为大资本。①

泰国华商资本形成的渊源、途径与西方资本有着很大的不同，泰国华商资本可谓走出了一条独特的道路，形成了非常典型的个案。华人方言群在其中扮演着重要的角色，对泰国华商贡献尤为突出的是潮州籍华人。从阿瑜陀耶王朝开始，泰国的华人大部分来自中国的福建和广东两省，主要是闽南人、广府人和潮州人。

最早来到泰国的是福建商人，他们主要从事港口贸易，并在17世纪、18世纪成为泰国华人中人数最多的。自宋元时期起，福建人从泉州港泛舟往南洋从事贸易，到了明代中后期，随着漳州港的开放，闽南人在南洋的贸易活动更为频繁。阿瑜陀耶王朝末期，由于中泰之间的大米贸易使得泰国人口和构成都有了明显变化，靠近韩江流域渐渐出现更多的潮州人。到达信时期，潮州人更是以前所未有的规模移居泰国。到了曼谷王朝，整个泰国的华人无论从人口数量还是结构上都有了非常大的变化。19世纪，来到泰国的中国人不仅有大量福建人、广府人、潮州人，还有不少的海南人、客家人和云南人。

（一）各帮群经济的类型和特点

在移民不断成熟的过程中，方言群相关联职业的专业化和华人职业的多样化都得以体现。从达信王朝开始，随着不断涌入的华人华商，华人的职业从一开始的航运、手工业和商业贸易等转化为种植经济农作物、火砻业、采矿业等多种行业，华人的职业构成和社会阶层也不断发生改变。除此之外，在方言群中的某些行业出现了专门化的趋势，比如潮州人的碾米业等。随着华人职业的多样化和方言群的行业专门化，华人的社会经济地位也出现了分化。

1.潮州人（碾米业）

由于人口众多，加上潮州人的艰苦奋斗，潮州人几乎控制了泰国的经济命脉，同时泰国大量的政府人员都是潮汕人，与潮汕本土有着千丝万缕的联系。潮州人移民泰国，为泰国带去了先进的中国生产技术，在某种程度上为当地发

---

① 刘半甜：《泰国华商发家史》，《世界博览》2010年第12期，第78—79页。

展做出了贡献，推进了当地的经济进程。从具体商业发展来看，潮人[①]一般是从挑提叫卖做起，倘若稍有积蓄则开店置铺做小生意，在本行业中寻求发展。潮人经营的产品有米谷稻粱、日用品、手工艺品、砖瓦建材、家具、农具等，涉及的行业涵盖百货业、航运业、建筑业、服务业、烟草业、中药业等，几乎无所不包。经营方式有零售、批发和进出口。经营网络几乎遍布泰国城镇乡村、山区海岛，并远销澳洲、欧美。

潮州人为泰国带来的经济发展主要包括碾米业和火砻业。

泰国原是一个以农业为主的国家，大米的生产和出口是泰国国民经济的重要支柱之一，而且带动了泰国的工业化和现代化的发展，在世界粮食供应的市场上也举足轻重。而在泰国大米出口贸易中，华人（特别是潮州人）是不可或缺的角色。泰国大米的出口贸易大部分来自潮州人经营的手工碾米厂，泰国第一家新式碾米厂系潮州澄海人高妈和于公元1860年建立，随后其他潮州人如刘续宾、陈氏、卢氏以及陈簧利等相继在曼谷建立新式碾米厂。[②]潮州人高楚香系泰国的碾米业第一家经营者，其子高晖石后被泰王封为子爵。1907年，高氏家族创办华人蒸汽碾米厂，到了1920年，碾米厂扩展到5家，日产大米达到990吨，约占泰国大米产量的13%，所产大米远销欧洲，在亚洲市场销售网络也很完善，在中国香港设立海外贸易总部，在新加坡设立分部。高氏家族在华人商界也发挥了领导作用，1910年高晖石发起组建泰国中华总商会并任首届会长[③]。华商在当时占泰国国民经济主导地位的大米加工、销售、出口贸易中占有绝对优势，因而"二战"前泰华经济的重心在大米加工出口和香叻汕（香港、新加坡、汕头）贸易。

与碾米业相辅相成的是火砻业。泰国早期最具规模的工业为火砻业，系潮州人首创。后来的继承者也以潮州人为主，火砻遂成为潮州人专营之工业。在米谷等行业中，潮州人均占主导地位。曼谷4个与米业相关的同业公会，即泰国火砻公会、曼谷火砻公会、泰国米业公会和米商公会中，无论是会员，还是

---

①潮人是祖籍广东潮汕地区民众的统称，是指广东潮汕人，海外和旧时称作潮州人。

②刘琪：《潮汕文化在泰华社会的传承与嬗变》，《汕头大学学报》（人文社会科学版）2015年第31卷第4期。

③同②。

理事会的领导层，大多数是潮州人。贸易集团（金财合、许和发），银庄集团（陈炳春、顺福成），完成资本的原始积累后建立起家族式银庄，购置地产形成财团。潮州人还承包税务、经营进出口贸易、酒楼、金银楼、食品杂货店、医药店等。曼谷王朝早期，市场对砂糖的需求供不应求，潮州人借此机会到泰国种植甘蔗和生产砂糖。潮州人把家乡的甘蔗栽培技术和制糖工艺带到泰国，挽巴功流域的北柳地区被开发成种植甘蔗和炼制蔗糖的生产基地。甘蔗种植得以迅速发展，并成为泰国主要出口货品之一。胡椒种植技术也给泰国带来了巨大的经济效益，潮州人移民胡椒种植数量占泰国全国总数的90%，使得泰国胡椒质量超过印度尼西亚，成为泰国重要出口商品之一。此外，潮州人还种植稻谷、烟叶、棉花、水果、蔬菜等农作物，丰富了泰国食品和物产的种类。

2.福建人（锡矿产业）

自达信王统治以来，有些福建籍华人已在泰国南部宋卡、拉廊和洛坤等地拥有政治影响力，并居于较为有利的竞争地位。[1]不得不提的是许泗章家族和吴氏家族，这两个家族在曼谷王朝时期一直是泰南的重要政治及经济力量。泰国的福建人亦从事小商贩的职业，深入山区购销当地土特产，他们还从事家庭手工业，如制鞋、制衣、木匠、五金匠等，但更多的是开采锡矿。福建人大多是在泰国南部定居，由于泰国的锡矿产区集中在泰国南部地区的达瓜巴、普吉岛，因此福建人正好成为泰国华侨开发锡矿的先驱者，对泰国的锡矿产业发展起到了举足轻重的作用。虽然也有其他华人开发锡矿产业，但绝大多数的锡矿场为福建人所开，购买和出口华人锡矿所生产的锡矿苗的商人也几乎是福建人。

说到泰国华人的锡矿产业，不可忽略福建人许泗章。许泗章（1796—1882）从25岁开始随船到马来西亚的槟城做苦力，在存够一定的资本之后开始在槟城和泰国之间做一些小本生意。直到1820年，许泗章由于做生意的机缘来到泰国的南部地区攀牙。此地拥有丰富的锡矿，并且与马来西亚相近，他看到了开发锡矿的商机。在获得采矿权之后，许泗章竭力与同乡一同组建了一个开采锡矿的公司。除此之外，他还承包了当地的锡矿税、酿酒税、赌税及各项入口商品的税收事务。此后许泗章便在泰国攀牙成家立业，经营进出口航运生

①Sarasin Viraphol，"Tribute and Profit：Sino-Siamese Trade，1652—1853，"（Cambridge：Cambridge University Press，2011），p.213.

意，随着锡矿开发的生意越做越大，需要更多的劳动力，也因此吸引了更多的福建人移居泰国，慢慢地，泰国南部便成为大部分福建人的定居地了。

在橡胶种植和割胶产业，虽然种植橡胶和割胶的主要是客家人，但福建人对泰国种植橡胶和对椰子产业的发展一样，都功不可没。据记载，许泗章第六子许沁美（1857—1913）有"泰国橡胶之父"的美称。许沁美不断学习马来西亚的橡胶种植技术，并成功引进了马来西亚的橡胶树苗种植，把泰国的荒野地区发展为胶园。1901年，许沁美被泰国政府选为普吉岛的总督都堂，借此良机许沁美大力发展橡胶业，使得该地的经济迅速发展，他也积累了丰厚的家族财富，带领一大批华侨，尤其是福建人发家致富。由此可见，福建人对泰国橡胶事业的发展作出了很大的贡献。

与许氏家族一样为泰国经济发展作出贡献的还有吴氏家族。自泰南吴氏家族的始祖吴让被达信王封为宋卡城主后，吴氏家族的政治地位不断高升。吴氏家族在其第二代吴文辉主事时，因协助曼谷政府安定边境、治理宋卡有功，被拉玛一世封为公爵。此后虽然有所变化，但其家族在泰南的政治地位仍举足轻重。吴氏家族几代城主为泰南的政治、经济、社会发展作出了很大的贡献，比如宋卡城主第五世吴志仁，因平定叛乱、治理宋卡有功，被拉玛四世王封为公爵。在此期间，吴志仁做了很多造福民生的事情，比如今宋卡境内修筑公路、造皇家粟仓、做官船等，促进了当地经济的发展。随着吴氏家族和许氏家族事业的发展、政治权力的扩大和政治地位的稳固，这无疑大大鼓励了福建人移居该地，从而让福建人的数量超过其他方言群的人口。尤其是许泗章等人开发泰南锡矿，需要大量的劳动力，为了供应开矿所需的劳动力，这些华人首领鼓励中国移民，主要是从槟榔屿转口到这里的福建人，并供给他们资金以着手工作[①]。从阿瑜陀耶王朝开始，福建人就不断移民泰国南部，经过数个世纪的发展，他们在那里建立了较为稳固的事业基础。

曼谷王朝时期，许氏家族和吴氏家族等闽南人在泰国南部事业的发展使新来的福建人到泰国南部比到泰国其他地方更易生存和发展，一直到20世纪初，福建人仍不断移往泰南。尽管曼谷王朝初期福建人在潮州人来到泰国之后人数不占优势，但福建人比潮州人先到泰国，经过数百年的发展，他们无论在经济

---

①Daniel B.BradIey.Poket.An Article Which First Appeared in 1870 in the Bangkok Advertiser, in Journal of the Siam Society 3.1906, pp.44—47.

上还是政治上都有一定的实力。可以说福建人在大城王朝时期已经建立了坚固和富裕的基础，他们深深涉足于泰国国家的行政事务。

3.海南人（木业、纺织业）

海南人除从事一直以来的中泰海上贸易外，海南人依旧从事其他的商业活动以提高经济地位，慢慢提升足够的经济能力以便在泰国立足。19世纪30年代葛兹洛夫指出"那些来自海南岛的人，主要是小贩与渔民，他们组成了也许是最贫穷但却是活跃的阶层"。①19世纪海南人移居泰北，在地利人和的条件下，活跃的海南人利用泰北大量的柚木林区进行开发，在海南人的开发下，泰北的空丹和程罗等城镇开始活跃起来，当地的林场得到了开发，为当地经济发展做出了贡献。如19世纪泰北的南邦等府可看见不计其数的海南商人所建立的木场，以及在程罗、北榄坡等处的海南人的造船坞。19世纪80年代以前，主要供泰国建筑和造船之用的柏木和其他结实的建筑木材都是在中国人工棚里用手工锯制的。海南人从事这种工作的尤其多，有些建筑木材还出口到海南岛。1910年之前，在泰北和曼谷一带的手工锯木业，大部分是海南人经营的。②例如，泰国著名的"木业大王"张其璠。张其璠生于1929年，其十岁时便跟随其父亲从海南琼山南下泰国谋生发展。从早期的服务行业做起，积累了一定的存款之后再到木材厂做学徒，学有所成之后自立门户开办了自己的木材进出口公司"隆光木材进出口两合公司"。海南人除了"木业大王"张其璠，还有"纺织大王"吴乾基。

吴乾基的祖籍是海南文昌，由于父亲在泰国从事纺织业和旅馆业，因此他相当于子承父业并把父业发展壮大。但是命运和他开了个玩笑，吴乾基在幼年时，父亲在泰国做纺织业时遭抢劫并在此事中丧命，家庭财富也因此变为零。失去家庭主要劳动力和财产之后，吴乾基在贫困中长大，13岁之后便开始跟着别人做卖布的生意。"二战"期间他冒险在湄南河泛舟卖布，赚了一笔钱之后便于"二战"后开始从事父亲的纺织业。在纺织业的扩大发展下，1927年吴乾基在曼谷近郊购置了800多亩菜地作为纺织业工厂建地。发展到1993年时，吴乾基的集团已经扩大到世界许多其他国家有其代理商，仅泰国就有16个纺织厂，

---

①傅吾康、刘丽芳：《泰国华文铭刻汇编》，新文丰出版公司，1998，第47—59页。

②同①，第65—76页。

每年的销售额达到100亿铢。

无论是"木业大王"，还是"纺织大王"乃至其他的经济活动投资小的行业（如生产汽车零件配件、餐饮业、碾米业、农业等），海南人一系列经济活动的特点是投资小、上手快，一般是优先选择自己擅长的行业积累资本，之后再转战其他的行业并且不断扩大发展。海南人凭借着吃苦耐劳、稳扎稳打的创业精神，从小商业到大资本的过程，在泰国开辟了属于海南人立足的新天地。同时，在泰国的经济发展，尤其是现代化工业发展历程中有着举足轻重的地位。

4.广西人（种植橡胶）

广西人多数是从马来西亚向南迁移来到泰国，因此泰国勿洞这个位于泰国南部边陲之地集中了多数的广西人，勿洞也被称为海外"广西村"。移居泰国的广西人大多数以种植橡胶和水果谋生，一开始凭借着智慧和勤劳，不少人从割胶工人变为橡胶园主和水果种植园主，一些人则兴办工业，从事商贸和科教事业等。但从总体上看，广西人经济产业规模相对小，生产力水平低，经营模式仍多采用以小规模的家庭经营为主，结构单一，缺乏现代商业意识和竞争手段。广西人虽大多数经商，但是由于移居泰国较晚，经济实力相对弱，故参政的比较少，且官职不大。但是在泰国采取华人可以参政的政策后，广西人在泰国的劳动界、商界、经济界、知识界等领域都获得了发展，有力地促进了当地经济的发展和社会的进步。

5.客家人（橡胶种植、皮革业）

客家人除了遭受政治迫害移居泰国，有的因为生活贫困而移居泰国，或者投亲靠友，或者被"卖猪仔"，还有的是为了经商贸易移居泰国。据记载："明成化十三年（1477年），闽西汀州客家商人谢文彬因贩盐下海，遇大风漂至暹罗，后就在暹罗定居，改名美亚，出任该国岳坤。"[①]由此可见，有些客家人为了经商，因此来到泰国并定居下来。移居到泰国的客家人，早期的经济活动大多数是投资小的生意，甚至是先从服务行业或者是农业开始，又或者是出卖劳力赚取资本，再投资到其他的行业当中。在泰南各城市中的客家人大部分是从事种植橡胶产业，积蓄到一定的财富之后，便开始经营小商小贩业务，

①廖楚强：《东南亚客家社会的形成和发展》，《海交史研究》1998年第2期第81—90页。

如经营便利店、餐饮店、酒店等。据泰国学者调查，20世纪60年代客家籍华人经营的行业有一定的特色。比如，曼谷横街多鞋店及酒行，以客家人之业为最多。若海天楼前后一带，均客家籍侨商伍佐南氏之产业也。①随着泰国的经济发展以及现代化工业转型，客家人的经济活动也逐渐发生了变化，自20世纪60年代后，客家人除了保留一些必要的传统产业（如便利店、酒行和酒店等行业），也开始从事其他的产业，以协调泰国总发展的路线，客家人在转型中做得比较繁盛的有纺织业、金融业和制皮革业等。特别是制皮革业成为客家人在泰国的重要经济贡献和独树一帜的经济领域。据学者研究，客家人经营的金融业主要有梅县籍伍氏家族伍班超经营的泰华农民银行。泰华农民银行是泰国的第二大银行，拥有泰国国内分行260家，国外分行有伦敦、汉堡和纽约3家。金融机构还有丘细见证券有限公司，是泰国数十家金融证券业公司能经得起20世纪90年代金融危机袭击屈指可数的金融企业之一，现每年还有数亿泰铢的盈利。客家人经营的纺织业也十分兴旺，粗略计算大大小小有400多家，占泰国纺织企业的绝大部分，而客家人经营的皮革业，可以说是客家人一枝独秀。目前，泰国的皮业基地北揽府的135家现代化皮革企业，绝大部分是客属人经营。②

6.云南人（陆上中间商）

到泰北去的大多是从事马帮贸易的商人。大多数泰北云南商贩扮演着"中间商"的角色，活跃在苗、傈僳瑶、克伦和阿卡人中间，除了为他们带去各种日用品，还充当了山区少数民族与外交经济文化交流的媒介，颇受当地人民的欢迎。

19世纪末20世纪初，云南人活动的范围逐渐扩大到泰北城镇。19世纪末，他们在泰北的几个主要中心城镇（如清迈）建立起许多华人社区。他们与从事长途马帮人保持贸易联系的同时，也开拓别的商贸领域。他们充当代理商、小企业主、客栈老板等。1887年，在清迈城内，一位名叫忠春林的云南富商"最初建盖房屋的地址便是云南商贾装卸货物，落脚休息及喂养牲口的原址"。到1915年，清迈城外已经形成了两个著名的云南人聚居区。

---

① 陈思慧，郑一省：《泰国的客家人与客属总会》，《八桂侨刊》2014年第1期第31—35页。

② 徐仲熙：《论泰华客家人的历史》，《泰中学刊》2001年第119页。

通过以上对各大帮群的经济类型的分析，可以得出各大帮群的经济特点可以分为三大类：

第一种经济特点是各帮群由单一的经济类型转变为多元化经济结构。特别是在"二战"时期，泰国的华商群体在恶劣的商业环境中渡过后，各帮群为了生存在原有的商业基础上，从种植业、矿业、纺织业、木业等，把商业资本转为工业资本，而且根据现代社会发展的需要，市场的情况逐渐扩大到金融业、旅游业、制造业等。从一开始的移民，由于地缘性和血缘性，帮群一般的经济类型是继承式，到华人社团构建的社会网络不断扩大，华人的经济类型设计范围越来越广，越来越多元化。

第二种经济特点在泰国的华商中也是屡见不鲜，即官商结合。泰国华人与当地族群数世纪以来关系和睦，华人融入当地社会和被同化程度比其他国家都高。民族之间的融合和同化并非一蹴而就，而是经历了相处的过程。自中国人开始移民泰国至20世纪初，泰国基本上是以积极的态度接纳和重用华人，这既是对华人的政策又是华人融入泰国社会的一个关键因素。华人不仅是"有才能的代理商、商贾和船户"，而且是泰国"理国政，掌财赋"的重要人选。泰国的华人政策是成功的。可以说，华人与泰国人民的同化过程既是一种自然融合，又带有政府疏导和制约的色彩。泰国政府之所以要对华人实施同化政策，并非其权宜之计，其重要性关系到泰国国家的政治和经济利益。

第三种经济特点是华人经济日益全球化。战后的泰国华商经济发生了重大的变化，华人的经济实力雄厚，产业结构不断扩大，涉及各行各业，商业资本转为工业资本，除此之外，华人经济不仅与外资合作，而且与土著资本结合，日趋国际化。泰国政府虽然采取了同化的政策，但是不少华人依然资金外移，世界经济迅速发展的同时，泰国的华商也紧跟脚步，生产国际化与国际分工不断深化。加之泰国实行对外开放，大量利用外资发展经济，许多跨国公司愿意同有商业信誉的华人企业合作，因而华人经济形成一支强大的力量并会集到国际化的经济活动中。华人经济的国际化趋向表现在：经营管理模式国际化，投资活动国际化，发展目标国际化，产品生产、销售市场国际化。泰国盘谷银行机构设遍东南亚和欧洲、美洲等地，成为有名的商业银行。华人经济日趋国际化，不仅壮大了华人的经济实力，而且密切了与国际资本之间的联系，进一步促进了华人经济的多元化，对促进居住国经济发展和华人社会的发展和进步，具有重大的推动作用。

（二）帮群经济及对当地华人社会的影响

中国移民的到来，在一定程度上缓解了当时泰国劳动力紧缺的困难，加快了泰国经济复苏的步伐。潮州人移民之所以能够在海外长期定居下去并融入当地社会，取得惊人成就并对侨居地和祖籍地都作出了巨大的贡献，究其原因主要是由华人移民的和平性质决定的。华人移民的主要目的完全为了谋生，不带有政治目的与动机，也没有政府的色彩，完全属于华人的自发行为。除了依旧保持自身的民族特色，华人移民还更坚持原乡文化传统，比如过春节等。华人移民带给泰国的不仅是中国先进的种植技术以及其他技术，更有对生存、生活、生产和贸易的需求，而且移民是在和平友好和不自觉中实现的。

17—19世纪由华人参与经营的对外贸易，是具有双重意义的，其中既包括对华人自身的经济发展，还包括对泰国的经济发展。华人通过私人贸易积累的财富为19世纪下半叶华人商业资本的原始积累和经营网络广泛拓展打下了良好的基础。19世纪，泰国华人的造船业、经济作物的种植业，大米出口业、碾米业、锡矿业、锯木业等行业的发展，都离不开贸易的推动和刺激。贸易的发展带动了与贸易相关的行业的发展，给华人提供更多的就业渠道和商业机会。多元化的经营增强了华人的经济实力，加强了华人在泰国的经济地位。19世纪下半叶，在泰国的商业、贸易、工业等领域，华人都占尽先机。华人商贸等行业的发展既为20世纪华人经济的多元化发展积累了必不可少的资本，也为华商在20世纪泰国经济发展中发挥不可替代的作用奠定了基础。这是华人在泰国具有较高社会地位的经济原因之一。

华人贸易及各相关行业的发展，对泰国国家经济的发展具有重要的意义。19世纪，华人贸易业的发展促使大米等经济作物种植面积迅速扩大，碾米厂和制糖厂迅速增多，矿业和锯木业得到发展。进出口贸易的发展在一定程度上促进泰国经济与国际经济的联系及泰国经济的国际化。同时，华人的商贸活动也促进了泰国国内自由贸易和商品生产的发展，瓦解了泰国的农村经济，使泰国国内逐步形成统一市场。具有现代化雏形的华人碾米厂、锯木厂和锡矿厂是泰国最早发展起来的工矿企业，为泰国近代工业化的起步做出了积极贡献。在西方商人大举涌入泰国的时候，华人资本作为泰国民族资本的一部分，敢于与西方资本抗衡，对维护泰国的经济独立，促进泰国经济的发展，都有重大意义。在某种程度上，华人经济的发展为泰国进入资本主义社会打下了经济基础，对泰国从封建主义迈入资本主义并逐步实现现代化具有深远的意义。

四、结论

泰国对华人的政策、对外开放程度、出口贸易的不断加深与发展，吸引大量的华人到来，并积极成为泰国经济的一股重要力量。华人推动了泰国的贸易，同时贸易也推动移民，因此，贸易的发展使移民规模及移民社会不断扩大，导致泰国慢慢成为海外华人的重要聚居地，泰国的华人政策也使得华人社会迅速发展。在长达数个世纪中，华人参与并主导泰国的对外贸易有两个重要的意义，其一是增强泰国对中国商品和市场的依赖使数世纪以来中泰贸易长盛不衰，也推动了泰国与周边国家、地区之间的双边及多边区域经济贸易合作，增进了其与亚洲市场乃至世界经济体系的联系。其二是泰国华商正是依托15—19世纪华人主导的东亚、东南亚华商经贸网络才得以顺利开展对外贸易。因此，泰国华商经贸网络的发展又扩大和完善了整个华商经贸网络，有助于华人在这一时期的国际贸易上与西方人一争高低。

三、女 性

韩国国内拉丁美洲的婚姻移民女性母性经验的案例研究①

伊奈斯·米兰达②金暻学③

【摘要】从2010年开始，韩国的外籍配偶人数持续增加，其中占比较高的婚姻移民女性在不熟悉的环境生育或养育孩子，会经历各种困难。目前，学界对亚洲出身的婚姻移民女性关注较多，考虑到婚姻移民女性祖籍国国别非常多，每个人都受自己成长文化和社会环境的影响，经历、理解情况、问题认知，以及应对方式可能会有所不同，其他地区移民女性理解母性的方式和母性经验有何不同？值得探究。

本研究通过深度访谈研究了嫁韩拉美婚姻移民女性如何体验母性，经历了怎样的困难及如何应对等问题。研究结果表明，比起生育和产后调理方法存在的问题和困难，这些女性在养育孩子的过程中出现的困难更多。特别是在语言方面，被访问者普遍存在与医院和学校沟通困难的情况。另外，在养育孩子的过程中，因为感到缺乏本国家人的感情上的支持，她们会通过跨国通信、邮寄礼物、回国探亲、邀请本国亲人访韩等方式来消除孤独感。访谈对象一致对韩国教育感到反感，一些访谈对象考虑将子女送回本国接受教育。同时，在母子关系中，大多数访谈对象都看重语言因素，表现出想要维持其文化或语言上的身份认同。

【关键词】韩国；拉丁美洲婚姻移民女性；母性经验

---

① 本论文原文为韩文，是经机器翻译后，由国内学者加以修改润色而成。

② 伊奈斯·米兰达，韩国全南大学国际移民学博士研究生，研究方向：国际婚姻移民女性。

③ 金暻学，韩国全南大学人类学系教授，研究方向：印度人类学，东南亚地区国际移民等。

一、引言

截至2019年6月，韩国的跨国婚姻移民人数为160,713名，其中83％为女性。关于跨国婚姻移民女性，韩国学界对占绝大多数的亚洲女性最为关注，如中国、越南、日本、菲律宾、泰国等，并就其社会文化适应、婚姻生活、与本国的跨国关系等各种问题进行了研究。一些研究从保健和护理学及生活科学等角度，通过量化或质化研究方法对亚洲嫁韩女性的母性经验进行了解读。总体上，几乎没有关于欧洲、北美、拉丁美洲等非亚裔女性婚姻移民韩国后的研究。原因除因为婚姻案例相对较少之外，还有一些社会偏见的缘故，即以改善社会经济地位为目的商业性中介婚姻而入境的亚裔女性所面临的各种问题，似乎不适用于因与韩国男性恋爱结婚而移居韩国的非亚裔女性。①

大多数婚姻移民女性经历了在陌生环境中怀孕、生产及养育子女这一成为母亲的过程，这就是母性经验。对于女性来说，成为母亲本身是人生产生急剧变化的事情，也是生命发展的危机。②在得不到本国亲属生育支援的情况下，新移民女性要经历这样的过程绝非易事。

该研究不仅涉及（韩国）国内移民女性研究的一些主题，还以几乎是研究

①关于拉丁美洲的墨西哥籍结婚移民女性在韩国的适应性研究（Cardenas Barajas，2015 年）似乎是韩国唯一研究非亚裔结婚移民女性问题的。该研究（2015：48）认为，韩国的"多元文化家庭"，其成立的前提条件是外籍女性通过与韩国男性的商业结婚而移居韩国。墨西哥等拉美地区通过结婚而移居韩国的女性，一般被认为不属于"多元文化家庭"概念的范畴，因此作为结婚移民女性相关的研究对象并未受到关注。Cardenas Barajas，Cintli Ayesa，"Mexican Female Marriage Migrants in South Korea：Adaptation Experiences，" Korea University，M.A.Dissertation（unpublished）（2015）.

② O'Hanlon，Rachel，"Mothering the new mother：Women's feelings and needs afterchildbirth，" Journal of Midwifery & Women's Health，vol.50，no.5（2005），pp.435–436.

空白的拉美跨国婚姻移民女性为对象，把她们的母性经验作为研究主题。[①]这项研究将母亲身份视为一种社会和文化构建的性别角色。在婚姻移民女性成为母亲的过程中，由于祖籍国和移居国的文化差异所引起的母性观念差异让她们的韩国生活面临各种困难和挑战。母性（Motherhood）是指女性在怀孕、生育和养育子女的过程，即在成为母亲的过程中，女性所经历的认同感变化。一般来说，母性通常被理解为如青春期或成年期一样，是每个女性生命中的一个自然阶段，但事实上，女性在怀孕和分娩期间会受到文化和社会因素以及身体和情感变化的极大影响。[②]此外，不同文化中关于"适当"或"良好"母性的定义和养育的观念也存在差异。[③]移民女性把祖籍国的语言、价值观和传统教育给子女，移居国则要求她们要教育本国的语言文化以使子女更好地适应当地社会，这种矛盾表现得更加严重。[④]一项关于通过婚姻移民到澳大利亚的泰国妇女的母亲身份的研究[⑤]揭示了由于文化差异，泰国母亲在做母亲的过程中遇到的困难。泰国社会认为抚养孩子是一个大家庭所有成员的责任，并会为妇女提供情感和

---

①拉丁美洲包括北美洲的墨西哥、中美洲和南美洲大陆，此外还有加勒比海上的西印度群岛。在拉丁语系的西班牙和葡萄牙等国约300年的殖民统治中，这一地区的本土文化与外来文化在语言、宗教、文化等方面存在着明显的混杂现象。尽管该地区由不同国家组成，存在社会和文化差异，但在从语言和被殖民历史方面，仍形成了相同的拉美文化生态。在拉美社会的传统父权制下，男性为一家之主，女性承担母亲职责和育儿的责任，社会文化通常要求女性要被动服从。Rivero Herrera，José，"Educación y exclusión en América Latina：Reformas en tiempos de globalización，"（Lima：Tarea/Minioy Davila.1999）.

②Richardson，Diane，*Women，Motherhood and Childbearing*（New York：St.Martin's Press.1993）.

③Liamputtong，Pranee，"Life as mothers in a new land：the experience of motherhoodamong Thai women in Australia，"*Health Care for Women International*，vol.24，no.7（2003），pp.650–668.；Laura I.Sigadand Rivka A.Eisikovits，"Migration，Motherhood，Marriage：Cross-Cultural Adaptation of North American Immigrant Mothers in Israel，"*InternationalMigration*，vol.47，no.1（2009），pp.63–99.

④Tummala-Narra，Pratyusha，"Mothering in a foreign land，"*The American Journal ofPsychoanalysis*，vol.64，no.2（2004），pp.167–182.

⑤Liamputtong，Pranee，"Life as mothers in a new land：the experience of motherhoodamong Thai women in Australia，"*Health Care for Women International*，vol.24，no.7（2003），pp.650–668.

社会支持，而在澳大利亚这个陌生的环境中，她们遭遇了很多困难。但她们正在努力寻找各种方法来靠自己克服困难，通过分担育儿负担，在一定程度上缓解工作和母亲角色之间的矛盾①，或者通过移民女性网络来消除在陌生环境中的母性实践中所经历的孤独感和精神紧张等问题②。

有关（韩国）国内跨国婚姻移民女性母性的研究一般都是从护理学和生活科学的观点出发，通过质化或量化方法来进行研究。代表性的量化研究有以怀孕和分娩及产后康复为主题进行的研究③，以产前管理为主题进行的研究④等，这些研究主张语言障碍和经济负担是阻碍跨国婚姻移民女性访问医院的主要原因。金泰任等人的研究⑤通过质化研究方法及现象学研究方法，以城市地区的越南、中国、菲律宾籍跨国婚姻移民女性为对象，以语言障碍、乡愁、疏远和孤独、怀孕和移居的双重压力、社会支持不足的范畴为中心，阐述了跨国婚姻移民女性的怀孕、生产和育儿经验。在"母性矛盾"的研究中⑥，越南女性面临着因文化差异或语言障碍所造成的育儿压力，他们在家庭中很难找到自己作为母亲的地位，无法适当地履行母亲的职责，但是她们强调自己会坚持在矛盾中寻找作为母亲的适当角色。

综上，在针对越南、中国、菲律宾等亚洲婚姻移民女性的研究基础上，展开对来自其祖籍国或文化特性更多样的跨国婚姻移民女性的母性研究是很有必要的。此外，在护理学领域研究的基础上，通过人类学的民族志研究，结合移

---

① Moon, Seungsook, "Immigration and Mothering: Case Studies from Two Generations ofKorean Immigrant Women," *Gender and Society*, vol.17, no.6（2003）, pp.840–860.

② Laura I.Sigadand Rivka A.Eisikovits, "Migration, Motherhood, Marriage: Cross-Cultural Adaptation of North American Immigrant Mothers in Israel," *InternationalMigration*, vol.47, no.1（2009）, pp.63–99.

③张仁顺：《结婚移民女性产前管理的实况和影响因素》，《女性健康护理学刊》2010年第16卷第4号，第326—335页。

④郑金姬：《多元文化家庭移民女性的妊娠以及分娩健康管理实况》，《女性健康护理学刊》2009年第15卷第4号，第261—269页。

⑤金泰任：《关于结婚移民女性的母性经验的现象学研究——以城市居住移民女性为中心》，《女性健康护理学刊》2012年第18卷第2号，第85—97页。

⑥赵轩合等：《国内越南移民女性的母性矛盾》，《韩国护理学刊》2014年第14卷第6号，第617—629页。

民女性的个人和家庭情况、结婚及移居过程等更广泛的背景，可以丰富对移民女性母性经验的意义和性质的解读。人类学的民族志研究，旨在发现文化和文化差异以及这些文化差异对人们行为所带来的影响。我们可以借此试析跨国婚姻移民女性因祖籍国和定居国之间的文化差异和育儿观念的不同，以及由此差异而引起的冲突，而关于拉丁美洲移民女性的母性经验相关研究将有助于扩大有关移民女性研究主题的研究范围，为制定针对这一群体的有效公共政策和支援计划提供参考。

二、研究方法和研究对象结婚移居概述

1.研究方法和对象

该研究是以在韩的拉丁美洲婚姻移民女性为对象进行的民族志研究，通过参与观察和深度采访，对她们在祖籍国和定居国韩国的不同社会和文化背景下，与韩国男性结婚、分娩和育儿过程中的母性相关生动经历进行质化研究。在对研究对象的深度采访中，研究者主要关注该人群在移居到韩国后，在陌生的社会文化环境中如何体验母性并理解母亲角色，以及在履行相关职责时所面临的困难等问题。

在韩的拉丁美洲婚姻移民女性虽然数量不多，但仍在持续增加，人数从2015年的242名增加到了2019年的422名，增长率相当高，预计今后还会继续增加。

该研究一共有7名采访对象，研究者以"滚雪球"的方式通过熟人联系见面访谈。为了让访谈对象能够自由发言，本研究采用访谈对象的母语（西班牙语）进行半结构式的访谈。访谈中涉及三个主题：社会人际关系及家庭背景、移居韩国的过程和母性经验。对7名婚姻移民女性的深度采访集中在2017年12月到2018年1月的两个月，采访时间为1小时—2小时30分钟，之后则通过电话等方式进行了补充性访谈。采访主要在研究对象的住宅和家附近的咖啡厅或餐厅进行，在部分研究对象家中做随行采访时能很自然地观察到婚姻移民女性生活的一部分场景。表1是研究对象的社会、文化背景的相关信息，为了保护参与这项研究的移民女性的隐私，均用英文字母代替其真实姓名。

表1　研究对象的相关信息

采访对象	年龄	国籍	学历	居住地	居留资格	居住年限	子女数（年龄）
A	37	墨西哥	硕士	首尔	F-6	约9年	1（女儿，9岁）
B	32	墨西哥	硕士	京畿道	F-6	约9年	1（儿子，2岁）
C	38	巴拉圭	学士	大田	F-5	约13年	3（儿子16岁、13岁、11岁）
D	27	秘鲁	高中	仁川	F-6	约9年	2（儿子4岁、2岁）
E	39	哥伦比亚	学士	仁川	F-6	约9年	2（儿子4岁、1岁）
F	45	哥伦比亚	学士	首尔	F-6	约20年	2（儿子21岁、女儿18岁）
G	45	乌拉圭	学士	京畿道	F-6	约6年	2（儿子24岁、女儿12岁）

2.移民女性的婚姻及移居过程

（1）采访对象A（37岁）

A出生于墨西哥哈利斯科州首府瓜达拉哈拉，移居韩国约9年。在瓜达拉哈拉担任西班牙语讲师时，认识了现在的韩国丈夫。当时她丈夫在当地经营一家旅行社，偶尔会带韩国人来学院，在此过程中，两人几次见面后开始交往，其丈夫因工作经常往返于韩国和墨西哥。

A在与丈夫恋爱9个月后结婚，两人的婚礼分别在墨西哥和韩国举行，之后在A父亲借给他们的墨西哥瓜达拉哈拉的一幢小公寓里度过了1年10个月的婚姻生活。当时A正在攻读硕士学位，丈夫不在瓜达拉哈拉，而是在墨西哥其他城市的一家韩国公司工作。A在怀孕初期出现严重的孕吐，在非常艰难的怀孕时期，她能很快振作起来，因为在情绪上她得到了家人的安慰。当时，由于丈夫在其他城市工作，她很多时候会感到孤独。在她临近分娩时，为了能够在更近的城市找到工作，丈夫辞去了原来的工作。丈夫在孩子出生后的4个月里一直待在家里照顾女儿，但是因为没有工作而闷闷不乐，最终两人决定移居韩国。丈夫先回到韩国，A带着孩子在墨西哥生活，直到硕士毕业。A将孩子托付给住在附近的父母，以便专心写论文，在丈夫不在身边的时间里，父母帮了她很多忙。在顺利获得硕士学位后，她终于在2010年10月和孩子一起移居韩国。移居韩国初期，A因语言和文化上的差异，很难适应韩国的生活。特别是在她来韩国的第一个冬天，感觉特别难以适应，再加上房子小，想出门却苦于天气寒冷而不能出去，所以她的生活更加煎熬。整个冬天，因为孩子太小，又冷得出不了门，她几乎整天待在家里，这使她更加闷闷不乐。由于公婆都早逝，在韩国，没有婆家人帮A夫妇育儿，所以在孩子上幼儿园之前，A都无法去学习韩语，也一直没有机会接受正规的韩语教育。现在她在首尔大学西班牙语语言文学系攻读博士学位，从事西班牙语的教学工作。

（2）采访对象 B（32岁）

B在墨西哥首都墨西哥城成长，在墨西哥国立自治大学（UNAM）获得英语专业学士学位，之后作为韩国政府邀请留学生来到韩国。她从韩语语言文学硕士毕业之后，完成了韩国语翻译课程，具备了非常高水准的韩语能力（访谈对象中韩语能力最高），硕士毕业后还完成了文学翻译课程。B在韩国攻读硕士学位时，认识了现在的丈夫，当时她丈夫经营一家咖啡店。B为了学习经常去她丈夫开的咖啡店，经过一段时间的热恋，两人在2015年结婚，2017年9月，他们的儿子出生。当决定要孩子的时候，她开始担心自己离墨西哥的父母太远，因此在妊娠初期产生的失落感非常严重。尤其是为自己提供怀孕和生育建议的母亲和姨妈相距太远，身边连一个有孩子的朋友都没有。在怀孕期间，她和丈夫通过网络努力获取关于孕期的很多信息，产后又努力获取有关她自己和孩子的各种知识。产后为了恢复健康，她在月子中心度过了2周，这段时间她一天吃5顿饭，护士照顾孩子，因此她过得很舒服。但对B来说，分娩后的第一周是要和孩子一起度过并且学习如何照顾孩子的重要时间。即使在月子中心，她也不想把孩子全托付给护士，而是想自己照顾孩子。B在分娩后，与丈夫和孩子一起前往墨西哥，在父母家中与父母和弟弟妹妹共同生活，家人也给予了她养育子女方面的很大帮助，她也能拥有与丈夫单独相处的时间。B在育儿过程中最担心的是回到工作岗位后，给儿子找不到匹配自己上下班时间的幼儿园，也担忧自己在工作期间要与孩子分开，但是幸好丈夫能在家工作并且能照看孩子。最近，她虽然专注于文学翻译工作，但为了可以和孩子一起度过亲子时光，她辞去了原来的工作。

（3）采访对象 C（38岁）

C出身于巴拉圭首都亚松森，已在韩国生活了13年左右。C在巴拉圭与丈夫恋爱并结婚，当时丈夫在巴拉圭KOICA（韩国国际合作社）工作。目前C和丈夫育有3个儿子，大儿子（采访时16岁）出生于巴拉圭。她的第一胎分娩和育儿支援是由娘家父母提供的，因此产后很快就恢复了过来。她分娩第一胎后直到没有恶露，约有一个月的时间不能洗头或不能下楼等，因为要遵守巴拉圭人的产后禁忌。C一家人在巴拉圭生活两年后移居韩国。移居初期，C的丈夫整天都在公司上班，C不知道韩国的生活习俗，不懂韩语，不得不和孩子一起整天待在家里。因此，她经常每6个月或3个月就往返一次韩国和巴拉圭。其间她又怀孕，二儿子（现在13岁）出生后，上班的婆婆过来为她提供了大约一周的育儿支援。此后，丈夫作为KOICA的海外项目协调员需要去巴拉圭工作2年，C和孩子们则留在韩国。在韩国独自育儿的时候，6个月的二儿子因肺炎病得很重，但是C的婆婆在另一个城市，无法及时赶来提供帮助。她带孩子去医院检查，因为韩语说得不好，她最后在附近西班牙朋友的帮助下才得以带孩子顺利就医。她当时感到非常孤独，于是一个月后她带着孩子们回到了有丈夫和家人的巴拉圭。她在巴拉圭住了两年，完成了因结婚而中断的学业并获得了学位。正是因为得到了父亲很多帮助，找到保姆，她才顺利完成了大学学业。丈夫的工作合同到期后，C与丈夫和孩子一起回到韩国，当时大孩子5岁，第二个孩子3岁。回到韩国后，C在群山市找到了西班牙语讲师的工作，因此全家都搬到群山。两年后，C有了最小的儿子（目前11岁）。孕育第三个孩子的经历在C的记忆中是最艰难的，怀孕6个月时因羊水破裂，导致C在两个月里只能住院、一动不动地接受治疗。在胎儿8个月大的时候，她进行了剖宫产手术分娩，第三个孩子出生时体重未达标，但所幸比较健康，没有进保温箱。

（4）采访对象D（27岁）

D出生在秘鲁，在三兄妹中排行第二。她在19岁高中毕业后为了工作来到韩国，当时是家中唯一在海外生活的家庭成员。到韩国的第一年，她在大邱的工厂工作，后来在经常去的大邱教堂遇见了现在的丈夫。在结婚前，丈夫搬到首尔的时候劝说D一起移居首尔，但她要求丈夫在首尔准备好婚房她才肯搬过去。几个月后，D辞掉工作，到首尔与丈夫结婚。D结婚后在首尔当西班牙语讲师，并在一所小学当西班牙文化讲师，在第二个孩子出生后，她辞掉了这份工作，专心抚养孩子们。D在第一个孩子出生后，患上了严重的抑郁症，因远离自己的国家而产生了很强的孤独感。在第二个孩子出生时，因为她对育儿比较熟悉了，所以没有感到恐慌。D的母亲在她结婚时来到了韩国，她生两个孩子时，她的母亲却未能来到韩国陪伴。尤其在生第一个孩子的时候，由于身边没有自己的母亲，她心里感到非常难过。在第一个孩子满10个月的时候，他们举家搬到秘鲁住了一段时间，此后从第二个孩子出生至今，她都未能再回秘鲁。

（5）采访对象E（39岁）

E出生于哥伦比亚桑坦德省的首府布卡拉曼加。大学毕业后，她在阿根廷找到工作，7年后回到哥伦比亚。回国前她想去海外旅行，但当时拥有哥伦比亚国籍的人可以免签去旅行的国家并不多。她当时看韩国电影，对韩国产生了兴趣，再加上有生活在韩国的朋友的邀请，她于2010年冬天来到韩国。因为天气寒冷，她无法适应，中间曾返回哥伦比亚一段时间，但她发现，自己在哥伦比亚时更想念在韩国的生活，于是2011年8月她再次来到韩国。一次在餐厅吃饭的时候，她邂逅现在的丈夫并开始恋爱。1年后，她因没能找到稳定的工作而打算回到哥伦比亚时，丈夫提出结婚。两人最终在2012年8月结婚，现在E已是育有2个女儿的家庭主妇。她在怀第一胎期间没有孕吐或其他不便，所以不觉得有必要到医院检查，也没有寻求熟人的帮助或建议。但分娩后，她得了严重的产后抑郁症，连靠近孩子都很困难，甚至产生过自杀的冲动。当时，她深深感觉到了亲朋好友扶持的必要性。幸亏丈夫在此期间在身边照顾，她才与丈夫和孩子重新建立了亲密的关系。在怀第二胎的时候，她身体并没有不舒服，但是情绪变得非常敏感，偶尔也想哭。

（6）采访对象F（45岁）

F出生于哥伦比亚第二大城市麦德林。她大学毕业后到英国留学，中途与丈夫相恋，婚后来到韩国，当时她只有26岁。在结婚时，她的丈夫与前妻还有一个不到两岁的孩子，F像对待亲生儿子一样照顾他（目前21岁，在西班牙读大学），并第一次有了母性体验。结婚一年后，怀孕的F提出要在哥伦比亚生孩子，而不是在韩国。因为怀孕后需要定期接受检查，但是她不会讲韩语，不能很好地理解医生的话，她在心理上感到非常害怕。在怀孕4个月时，她前往哥伦比亚，并在那里生下了女儿（F受访时该女18岁，就读于韩国的外国人学校），逗留3个月后F回到了韩国。由于当时丈夫在弟弟医院做行政工作，她与公婆在群山同住三年。F做了一段时间的英语和西班牙语讲师，16年前，她便开始和丈夫一起做进口哥伦比亚产咖啡和其他物品的生意，并开了一家咖啡店。

（7）采访对象G（45岁）

G在乌拉圭遇到了现在的韩国丈夫，当时她丈夫在乌拉圭的韩国公司工作。他们交往时G已有一个8岁的儿子。G夫妇直到儿子18岁成人，一直一起生活在乌拉圭，待儿子长大成人后，他们开始考虑移居韩国。丈夫在乌拉圭失业后，希望女儿能到韩国学习更多的韩国文化，并在韩国接受教育，所以想全家移居韩国。事实上，作为混血儿的女儿由于长得像亚洲人，在乌拉圭当地受到了歧视。因为女儿的问题，丈夫感到很疲惫。G一家回到韩国后，丈夫在玻利维亚大使馆工作，G在幼儿园当兼职讲师。G虽然开始学习韩语，但没有进行深入学习，因为和丈夫及女儿在家里用西班牙语对话，没有感觉到一定要学习韩语的压力。G与丈夫的家人并不亲密，公婆已经离婚，丈夫与公公保持联系，但由于丈夫与他母亲关系不好，G从未见过婆婆。回韩国后，丈夫一直努力与他的姐姐一家维持关系，但他的姐姐对此并不热情。有一次，丈夫和女儿一起去他姐姐家玩，他姐姐打了他女儿，之后姐弟关系恶化，变得不太融洽。

三、在移居过程中的母性经历

成为母亲的过程意味着女性的认同感和生活发生变化。社会文化对母性和母亲的职责有着影响和构建作用，移民女性的母性经历不仅受到祖籍国文化背景的影响，还受到定居国家女性文化观念的影响。本文的一些研究对象移居到韩国后，在适应陌生的社会环境，在怀孕、生产、育儿这一系列母性经历的过程中，面临着语言障碍等文化差异带来的各种困难，遭遇原生家庭情感支持不足的困境。一些研究对象努力通过跨国家庭纽带得到原生家庭成员的情感慰藉，坚持对子女进行母国文化灌输，摸索摆脱不良教育竞争的对策，积极应对各种问题。

1.怀孕和分娩经验和习俗

本文研究对象在祖籍国或韩国都有怀孕和生产经验，而A、F、G在怀孕和生产时都在祖籍国，她们都没有经历在韩国生产时可能会经历的抑郁症或生产孤独。B、C、D、E4名移民女性在韩国怀孕和生产的过程中，由于家人不在身边，缺乏情绪疏导，都经历了精神上的痛苦。但是在韩国经历分娩过程的这些女性，对于韩国妇产科医疗支援体制都给出了肯定性的评价。与其祖籍国相比，韩国医疗系统质量管理水平让她们感到很满意。

与祖籍国巴拉圭相比，C强调韩国分娩医疗服务质量高，费用低廉。比如，产检时的超声检查可以提供胎儿心跳声音的录像，提供超声波记录相册，在孕妇怀孕50天和100天的时候，提供胎儿照片等医疗服务，这让她感到很满意。而在巴拉圭，要想获得这些服务必须支付非常昂贵的费用。B表示，相比韩国，墨西哥的医疗环境不理想，她对韩国的妇产科医疗系统非常满意，并表示：

> 韩国的妇产科医疗体系非常好，墨西哥没有这种系统。如果以和韩国相同的条件在墨西哥生孩子，可能会支付非常昂贵的医疗费。（B）

在韩国医院的产科，一般都把新生儿隔离到新生儿室进行照顾，以便产妇能够尽快得到休息和恢复。在产妇想看孩子的时候，可以随时去新生儿室。但在拉丁美洲国家，产妇通常和新生儿同住一个房间。在巴拉圭生过第一胎的C在孩子出生后，曾和孩子共处一室。D和E对拉丁美洲的生育医疗环境作了一些负面评价，而称赞韩国的医疗服务。

> 在韩国生孩子真的很舒服，在韩国，母亲的健康似乎更为重要，特别关注妈妈产后抑郁症，医护人员经常问我有没有不舒服的地方，还问我想不想看孩子。特别是（在韩国）不像在秘鲁那样，不会强迫妈妈24小时都跟孩子在一起。（D）
>
> 我觉得让产妇和新生儿分开睡很好，医生似乎很重视妈妈的健康，我觉得医院并不只关注孩子。（E）

B在韩国硕士毕业，韩语口语能力很好。她与护士或医生的沟通没有问题，因此在怀孕过程和分娩时并没有经历太大困难。在丈夫的提议下，她产后在月子中心度过了2周的恢复时间。她觉得虽然月子中心有一些方便之处，但由于实时监控和严格的日程安排，反而使人更加心累。在月子中心期间，B和丈夫一起亲自照顾孩子，观察孩子的反应，学习对婴儿的照顾方式。

大部分社会都重视对孕产妇的妊娠和产后照料。在拉丁美洲文化中，产妇在分娩后到完全恢复健康的40天里，除了照顾自己和新生儿，还会暂时从其他事情中解放出来，从母亲那里学习照顾孩子的方法等[1]。在这期间，家庭成员们将被赋予各种各样的家务劳动角色，所有人都努力适应这种新的环境，这种

---

①NiskaKathleen, SnyderMariah, and Lia-HoagbergBetty, "Family Ritual FacilitatesAdaptation to Parenthood," *Public Health Nursing*, vol.15, no.5（1998）, pp.329—337.

习俗称为"库亚伦特娜"①，这期间产妇禁止发生性关系，禁止吃某些食物，禁止从事辛苦劳动等，同时鼓励产妇摄取特定饮食、经常休息、保持温暖，等等。这些可以看作对产妇和新生儿健康的保护，是让所有家庭成员集体参与的习俗。

C在巴拉圭生育后，遵循了一些"库亚伦特娜"习俗。她一直到恶露排干净才能洗头和下楼。这种行为通常被认为是迷信的，但"库亚伦特娜"的许多习俗是让产妇休息、保暖，这是为了让因生育而身体变弱的产妇的健康状况迅速恢复，防止恶化。B虽然没有一一遵守这样的习惯，但她注意了不发生性关系。根据B的介绍，现在这样的习俗虽然在农村地区还存在，但是在城市中却有不怎么遵守这些习俗的倾向。

产后调理方法与文化有着密切的关系。在适应韩国的产妇调理方法上，跨国婚姻移民女性最痛苦的就是不能吃自己国家的食物，只能吃特定的食物②。该研究的大部分研究对象在产后吃特定食物，如最普通的海带汤方面经历了最大的困难。D和E表示，每次吃饭都要喝海带汤是最困难的事情，特别是D，婆婆在她分娩后在家帮她进行产后身体调养，对此她讲道：

> 对我来说，最大的冲击是按照婆婆的方式来吃东西。我想吃我们国家的汤、果冻等，我想吃更多的食物，但早饭、午饭和晚饭总是只给海带汤。让我忍受这些，我感到非常震惊。（D）

---

①在拉丁美洲文化中，为了让产妇的身体尽快恢复健康而须遵守特殊生活习惯的40天，通常被称为"库亚伦特娜"（la cuarentena）。人们认为产妇的身体会因失去热量而变冷，因此产妇需要注意保暖，让身体的温度恢复正常。为此，产妇不能遭受巨大的温差变化，尤其不能受寒。在这个时期里，产妇一般不能洗头，不能用冷水洗澡，同时应食用热的、可以给身体提供热量的食物，避免摄入寒冷的食物；产妇不得做对身体有负担的事情，并应在此期间禁止性生活。Celmira Laza Vásquez, Marcela IvonnePuerto Lozano, "Cuidadosgenéricos para restablecer el equilibrio durante el puerperio," *Revista Cubana de Enfermería*, vol.27, no.1（2011），pp.88-97.
②赵轩合等：《国内越南移民女性的母性矛盾》，《大韩护理学刊》2014年第14卷第6号，第617—629页。

2.为了孩子挑战语言障碍

对于跨国婚姻移民女性的语言障碍，现有研究曾频繁提及（金泰运 等，2012）。在本研究中，很多女性都遭遇了韩语沟通方面的问题。但如同B和D般，在结婚前有一定韩语基础的移民女性，其语言适应能力会较强。攻读英语专业的B在韩国留学获得了韩语文学硕士学位，并进修了韩语翻译课程。D在来韩国工作之前学习了基础韩语，来到韩国之后也一直在努力学习韩语。但是，包括她们在内的大部分研究对象认为，韩语表达能力差是作为一个外籍妈妈在韩国生活的最大障碍，但为了在韩国抚养孩子，还是要努力克服语言障碍，D表示：

> 在韩国成为妈妈本身就要挑战（韩语）语言学习。不懂语言，抚养孩子很困难。不懂韩语的话，很多情况下要依靠丈夫。（D）

C虽然在韩国生活了13年，但她还是觉得自己在韩语沟通方面存在问题。因为没有正式学习过韩语，她在说韩语的时候很紧张，而且在写作方面尤其困难。跨国婚姻移民女性在去医院时或当子女开始正式接受教育时，对自己的韩语能力非常焦虑。她们觉得是为子女学习韩语，而不是为自己而学。A的丈夫能说西班牙语，A本人也从事西班牙语教学工作，所以在单位和家里常用西班牙语交流，觉得没有必要学习韩语。但若在女儿的教育问题上需要学习韩语的话，她表示：

> 为了能理解和女儿有关联的事情，为了能和她的老师沟通，也为了不让她觉得妈妈什么都不懂，我正在一点点地学习韩语。（A）

C和E一直以来总是和丈夫一起去医院，借助丈夫的翻译，她们和医务人员的沟通没有太大困难。比如，E在生大女儿时，医生可以用英语沟通，完全没有问题。但在她二胎怀孕期间，主治医生英语口语有些不好，双方主要用韩语沟通，这也是因为当时她的韩语水平有所提高，能在一定程度上理解医生所说的话。但E仍对语言问题忧心忡忡，虽然日常生活中没有太大的困难，但是在去医院或办理一些手续时，特别是与孩子老师交谈时，仍然感到吃力。

　　我很担心语言问题，我不想再依赖我的丈夫了。每次去医院，我都因无法与医生直接沟通而感到十分沮丧。所以每次我和老公一起去医院，但在翻译的时候，因为他是男人，有一些翻译的部分比较不明朗。比如，我想咨询医生孩子小便的那个地方痒，所以担心是不是被感染了，但丈夫对问这个问题感到很不好意思，所以我想尽办法去解释……这让我感到很沮丧。（E）

E有一定的韩语口语能力，为不能说一口流利的韩语而充满挫折感，这种困难和挫折感对刚移居到韩国的A来说感同身受。A虽然拥有硕士学位，却看不懂电费通知单，因此感到非常难过。事实上，A移居韩国初期正在抚养一个1岁多的孩子，因此无法到学校学习韩语。为此，A申请了在家学习韩语的家访教师项目，但对该项目的效果，A感到非常不满意。

　　虽然利用过（服务），但还是不行。我的老师年纪大了，完全不懂英语，因为不是专业人士，只是志愿服务水平，所以不太懂如何教学。我觉得这项服务对我产生了更不好的影响。（A）

E也参加了多种韩语教育项目，但这些经历对她的韩语水平提升都没有多大帮助，她的韩语口语仍然很吃力。在初期，她参加过多元文化中心的韩语课程，但相较于语言学习，这个课程更多意义上是为了不能经常参加社会活动的移民女性而举行的社交聚会，在韩语学习上没有实效。她也曾申请并利用过一些韩语家教项目，但因为学习过程中聊天内容较多，因此也无法学到很多东西，对这个项目她有些否定性看法。

　　学习并不重要，其实我什么都没学到。我在多元文化中心没有太好的体验。孩子出生后，我申请到了上门韩语讲师服务项目，那位女老师只想对我的人生说三道四，她问我人生方面的所有相关问题，但她什么都没教。（E）

移民女性对（韩国）政府机构支援的一些韩语教育项目提出了批评性评价，通过这些评价，我们可以了解到，（社会）应该为韩语沟通比较困难的移民女性提供实效性较高的支援方案。

　　3.情绪支持的缺失："的确需要（自己）家人的支援"

　　当移民女性在陌生的国家成为一个母亲时，与祖籍国亲属远隔千里，是她们必须面对的最大困难之一。尤其是第一个孩子出生时，这些移民女性可能会感到既害怕又焦虑。这种情况下，祖籍国家人的支持对产妇是非常重要的，当缺乏家庭成员的支援时，她们可能会产生恐惧和不安。

　　　　我真的很需要（自己的）家人。我不知道第一个孩子生下来后该怎么办。我对新生婴儿不是很了解，也不是想和孩子亲近的人，所以更需要我的家人。我甚至不知道如何换尿布。（E）

　　D在生下大儿子后非常抑郁。她想起自己远离自己的国家，发现身边没有人关心她的生子过程，并告诉她产妇应该做什么，这个事实让她感到非常难过。实际上，这种不确定性始于怀孕初期。B对怀孕初期的情况不太了解，因此当时对于在附近没有亲朋好友的事实感到非常难过。特别是因为丈夫和公婆关系不好，与婆家人没有交流，她没有可以向其咨询怀孕问题的人，对此她说道：

　　　　由于远离墨西哥，很难得到母亲和婶婶的帮助，因此在怀孕初期感到非常孤独，也不知道该怎么办……一些体验是不是正常的呢，以后会发生什么事呢，为了自己的身体康复应该做些什么，等等，很难知道这些东西。（B）

　　孤独是很多妈妈会面临的事情，但对于移民女性来说，孤独感会更强烈。事实上，研究对象所感受到的孤独感是从本人远离自己的家庭开始的。D强烈地感觉到母亲不在身边，有时甚至会哭出来，无法和家人一起生活，她感到非常惋惜。孩子出生后D成为妈妈，想到周末也不能和兄妹、婶婶、叔叔、堂兄妹们一起散步，一起吃午饭等，她感到非常沮丧。

　　E在生下大女儿后的医院恢复期间也感到特别孤独。她周六分娩，丈夫全家周日才到访，剩余时间只与丈夫住在医院，当时她非常想念娘家人。

　　　　孩子出生的时候真的很孤独，这个时候非常需要我的家人……只有我

和丈夫在医院过了一个星期。但如果在哥伦比亚生孩子的话，即使是一瞬间我也不会一个人待在医院的。（E）

抑郁和孤独是移民女性在移居初期和成为母亲的初期阶段常见的情绪问题。这是因为大部分移民女性在移民和生育后没有来源国家人和社会的支持而被孤立，再加上定居国家的语言障碍，情绪更容易低落。A和C都经历过这样的困难，她们两人都是在不太了解韩国和韩语的情况下，带着需要照顾的孩子来到韩国的。她们回忆说：

第一个冬天感觉特别困难……感觉冬天好漫长。只有我一个人和孩子在一起，而且也不经常出去，特别是当时在韩国住的房子太小了，所以变得更忧郁。（A）

虽然有孩子，但是周围没有一个认识的人。因为不懂韩语，所以整天一个人待在家里。原本生活在首尔，但丈夫一大早就早早上班，很晚才回家。我觉得自己整天和孩子一个人在一起，变得很忧郁，好像一直在哭。（C）

这些研究对象大多怀念来源国大家族（extended family）成员的关系，并且对自己的子女无法与来源国家族成员维持关系感到遗憾。在拉丁美洲，包括祖父母和表亲在内的大家族和亲属，以及与"教父教母（godparents）"一样的"类似家庭（fictive family）"的日常生活、家庭聚会、庆祝活动具有非常重要的意义。但是大部分移民女性表示，在韩国的家庭关系上找不到这一点。因此，像E一样的移民女性对于子女无法体验与来源国大家庭的家庭关系感到非常遗憾。

在这里只有女儿一个孩子……她没有大家庭。只在新年或中秋时与奶奶家人见一次面，然后就结束了。我希望女儿也能像我一样，和表亲们一起长大，因为这才是家庭关系……（E）

4.国际化生活方式
移民女性为获得情感上的慰藉，尝试与远在来源国的亲人维持纽带关系。

其中，信息通信技术的发达为他们提供了对话沟通的便利，一些即时短信软件，经常被她们用来与来源国亲朋好友建立跨国联系，同时她们也让自己的子女参与其中。A在与父母联系时使用VoIP电话，因为可以上网，而且可以以低廉的费用长时间交谈。

> 这种通信方式非常便宜，尤其是需要联系海外的家庭成员时，这是非常好的选择。我跟本国的家人聊了三四个小时，几乎不花钱。（A）

A使用VoIP电话的原因是其母亲很难通过智能手机使用即时通信等软件。她说不仅是在韩国的自己，留在来源国的家人也需要适应新的沟通方式。她的母亲虽然不熟悉智能手机的操作，但为了看在韩国的外孙女的照片，最近也开始使用一些社交软件。A表示，即使要通过这种大费周章的方式联系，她也希望在韩国的女儿与墨西哥的外公外婆维持良好的关系。

> 我母亲去年来到韩国，在韩国逗留了两个半月。那是我女儿第一次感觉到外婆的存在。事实上她在韩国没有奶奶。那段时间，我妈妈和我们一起生活，放学时接女儿回家，对我来说是最幸福的一段时光。（A）

C每周都给巴拉圭的父母打电话聊天，并发送自己制作的工艺品照片等，她以这种方式分享她的日常生活。C在与父母通话时，会叫来孩子与祖父母交流。另外，C经常给来源国家人寄礼物，而家人们收到礼物会很高兴地发照片给她，这些都有助于增强跨国家庭成员间的亲近感。C在日常生活中总是想着巴拉圭的家人，希望能回到自己的国家。她知道自己的儿子已经习惯了韩国的生活，很难再回去，但她本人却无法摆脱回巴拉圭的想法。

> （孩子们）喜欢在这里生活……偶尔会问"是否想和巴拉圭外婆一起生活"，但孩子们似乎不愿意。孩子们认为去巴拉圭的话语言不通，会受到歧视。（C）

所有的跨国交流都是在世代间进行的，都是因双向进行得到维持的。利用信息通信技术的跨国沟通成为家庭成员互相关心的一种手段，这意味着跨国家庭为了相互提供或获得社会、情绪上的支持而保持与家人的跨国联系①。C的例子很好地说明了这种支持，移民到韩国后，她通过日常生活中与来源国家人的跨国联系，在育儿等方面得到来源国家人情感上的支持。

> 结婚后我也一直信任妈妈。有问题或者连肚子疼的时候也会给妈妈打电话，并寻求建议，"妈妈，肚子疼，该吃什么好呢？"有时问"妈妈，儿子在哭，好像是因为牙齿……该怎么办才好呢？"这种情况她会告诉我不要那样做，试试这样做。（C）

对家人的照顾往往是就近进行的。家人对移民女性的育儿支援因距离关系并不太容易实现。但移民女性偶尔回国或邀请来源国家人来韩国，就实现了实际行动上的照顾，而且移民女性对来源国父母的照顾也同时进行。与其他移民女性相比，F属于比较活跃地跨国生活的类型。除通过电话或即时通信软件每天和来源国家人通信联系外，她每隔半年会访问在哥伦比亚的家人，每年圣诞节会带着孩子们访问哥伦比亚，在那里逗留两个月左右，她还曾把读小学5年级的儿子作为交换学生送到哥伦比亚父母生活的大城市麦德林的学校，在那里待了6个月。此后，还把很难适应韩国学校生活的儿子送到哥伦比亚，在那里学习了两年初中课程。

移民女性的父母也可以直接访问韩国。在B的儿子一岁时，她的母亲来韩国逗留了几个月，并为她提供了育儿支援。当时B在公司做专职职员，附近没有合适的幼儿园，因此面临着育儿难题。虽然丈夫在家工作，但她的母亲帮她看顾孩子也减轻了B丈夫的育儿负担，因此她的丈夫也度过了一段非常幸福的时光。A除攻读博士外还担任西班牙语讲师，母亲虽然来韩国仅待了两个半月，但那是在她最困难的时候，母亲为她提供了育儿支援。

5.母语的重要性：如何用非母语与子女建立纽带关系？

这项研究的大部分移民女性对自己的文化很坚持，特别是A和C对自己母语西班牙语的使用表现出了强烈的意志。当然，如果她们和子女用韩语对话，子女又受韩国文化影响很大或子女拒绝使用西班牙语与她们交流，她们的意志便

---

①Harry Goulbourne, Tracey Reynolds, John Solomos, Elisabetta Zontini, *Transnational Families：Ethnicities, Identities and social capital*(London：Routledge，2010).

很难得到贯彻。但她们认为，来自拉丁美洲的母亲和子女在交流时使用西班牙语非常重要。因为，讲西班牙语代表了一种认同感，如果自己的子女讲西班牙语，就能和自己建立起更深厚的情感关系。特别是，在维系子女与自己来源国家族的纽带关系上，西班牙语的口语能力显得格外重要。

> 我想让我的女儿学习我的母语。我见过一些来自拉丁美洲的女性，她们的孩子都不会说西班牙语。我很好奇，她们怎么和孩子们沟通？ 如果不用自己的母语，而是用其他语言，她们怎么和子女建立情感纽带关系？ 无法想象。（A）

A成功地教会了女儿说西班牙语，所以现在她们用西班牙语进行沟通时不存在障碍。但从C的情况来看，虽然她的两个孩子幼年在巴拉圭度过了一段时间，但他们不会讲西班牙语。当二儿子和三儿子要求她不要用西班牙语对话时，她感到失望，但最近大儿子对西班牙语表现出了兴趣，她又感到非常自豪。C认为，语言问题是她与儿子相处过程中的障碍。每当看到自己的姐妹和表妹们由于没有语言交流上的问题而与子女的关系很牢固时，她就会担心她的儿子与自己的关系不稳固。C认为，如果与子女生活在巴拉圭，这种情况会很不同。

> 如果我们住在巴拉圭，那么我的孩子可以讲一口流利的西班牙语，我和孩子们的关系也会变得更好。我认为，如果能流利地使用同一种语言进行交流，那么我们的母子关系就会更亲密一些。（C）

子女可以使用母亲的母语，意味着他们具备了与母亲的家人进行对话等维系跨国家庭关系的必要条件。子女能说母亲的母语，不仅能增进母亲和子女之间的关系，对维系与母亲家人的关系也起着重要的作用。E的婆婆曾以"如果孙女不能说一口流利的韩语，就不能和我对话"为由，反对E用西班牙语与E的女儿对话。对此，E有不同的看法，并表示会教女儿学好西班牙语。

> 就像婆婆主张自己拥有与我的女儿使用韩语对话的权利一样，我的父母也拥有与我的女儿用西班牙语对话的权利。因此，不管我们住在哪里，我都想教会女儿西班牙语。（E）

除语言外，E还希望女儿和丈夫能够在哥伦比亚的饮食、音乐、庆典等多种文化方面与自己产生强烈的共鸣。例如，她希望丈夫和女儿能够熟悉哥伦比亚普通人的饮食习惯。包括E在内的大部分移民女性都希望子女能够应付随时探访她们的来源国或回去居住，从而熟悉母亲的母语和文化，她们认为，来源国文化既然是母亲的文化，也应是子女的文化。

6.与韩国教育热的冲突：与竞争意识强烈的韩国妈妈们的冲突

本文所有研究对象都对韩国的教育，尤其是课外辅导热潮深表忧虑，她们认为对子女教育的过分狂热是她们区别于韩国母亲的重要原因。这些移民女性反对在学校正式课程结束后，继续把孩子送到补习班这一课外教育场所。她们回想自己的童年，认为孩子在小时候能够自由玩耍很重要。C对孩子的教育理念与她的韩国丈夫产生了很大的分歧。她的丈夫认为，只有从小养成各种好的学习习惯，孩子长大后才能更好地自主学习。但在C看来，孩子在小时候就应该自由玩耍，随着渐渐长大，他会自然而然地学习有关世界的知识。

　　　　对我的丈夫而言，教育这个东西只是学习书本知识，但我认为，从玩耍中学习东西也是教育。我觉得，因为他们还是孩子，所以玩耍很重要。（C）

D说，韩国母亲一心扑在子女的学业上，但她希望自己的孩子在小的时候能多一些玩耍的快乐。A和C对韩国母亲只执着于孩子的学习成绩和学业竞争力持批判态度。A非常不认同韩国母亲对课外辅导教育和学业竞争的狂热。

　　　　她们（韩国妈妈们）总是想着竞争，这与我的观点相冲突，我不喜欢这样，为了我的孩子，我也不会这样。这就是我不想跟韩国母亲交流的原因……我不想让女儿过那种生活。我不想看到女儿在补习班接受课外辅导一直到晚上11点才回家，一想起来我就心疼。（A）

面对韩国激烈的教育竞争带来的压力，A和E产生了移居到来源国或第三国家的想法。特别是A，她不希望女儿像韩国学生那样学习，因此，为了女儿，她在考虑移居其他国家。A曾给女儿请过韩语家教，她也拜托过自己的韩语老师

（研究生院的同学）尽量帮助女儿减少学业压力。A在接到女儿的学校任课老师的提议——让数学能力不足的A女儿参加一次数学课外辅导后，她对韩国公共教育系统的问题便有了批判性看法。

> 他们（教师们）认为学生应该提前知道课堂上所教的内容。那老师在那儿做什么呢？不是为了教学生吗？这种教育太不像话了。（A）

研究对象不能像韩国母亲那样让子女接受诸多课外辅导，所以她们认为在韩国教育子女是非常吃力的事情。韩国教育体系充满竞争，所以韩国妈妈们总是会为孩子选择最好的学校和补习班，而移民妈妈们表示很难跟上这种节奏。

> 作为外国人，我不能直接参与孩子的教育，因家庭条件有限，也无法让孩子上很多补习班，因此我不得不买书回家自修，然后和孩子一起学习。（C）

C已经在韩国过了十三年，和其他女性不同，她的大儿子（16岁）即将面临高考，虽然她对韩国教育系统感到不满，但她还是在努力适应。与C不同，子女还年幼的A、B、D、E对韩国教育系统表示不满，特别是A和E正在子女教育问题上寻找对策，比如移居到其他国家等。另外，F由于两个孩子很难适应韩国竞争性的教育体制，在孩子们小学和初中时期，曾多次将他们送到她的本源国哥伦比亚的学校。她对韩国的竞争性的教育体制持批评态度，因此把两个孩子送进了韩国的国际高中。2019年，F的大儿子（21岁）高中毕业后就读于西班牙大学，二女儿（18岁）则在国际高中上学，毕业后计划到西班牙或美国留学。

四、结论

本文围绕生育经历、产后护理习俗和跨国生活方式变化等主题，在跨国婚姻移民女性的脉络中，分析了韩国国内来自拉丁美洲的女性的母性经验，包括她们怀孕、分娩和养育子女等过程。关于母性经验，现有大部分研究以来自亚洲国家的移民女性为研究对象，本文试图通过对移居亚洲文化圈的拉丁美洲女性的母性经验的研究，探讨两个不同地区的移民女性的异同，从而拓宽这一研究领域。

在子女教育方面，大多数来自亚洲的移民女性对待自己的母语和来源国文化教育持消极态度，但来自拉丁美洲的移民女性更强调保持自己来源国的语言和文化，并且表现出了让自己的子女将其传承下去的强烈愿望。该研究的受访者既是拉丁美洲国家大城市出身，又是大学本科以上的高学历人才，这与很多亚洲跨国婚姻移民女性有些差异。这些差异与她们在母性经验的多个方面所表现出的能动性态度有关。这些女性以批判的眼光看待韩国的课外辅导热潮和充满竞争的学校教育体制，并且为了克服这样的教育理念冲突而准备将子女送回自己本源国或第三国，她们在积极应对在韩国社会中所面临的各种母性经验矛盾状况。拉丁美洲社会是父权社会，女性在这种社会文化中大多是被动而内敛的，但这项研究似乎表明，一些女性在面对文化差异时，比如在对丈夫的态度、对待子女的养育等方面，都十分主动。

另外，本文研究对象在怀孕、生产和育儿等一系列母性经验过程中，语言不通、缺少本源国家庭成员的情感支持，也是她们在此过程中倍感精神压力大的主要原因。特别是这些女性因为不能流利地讲韩语，在韩国实践母性经验中成为很大的障碍，这一点和亚洲跨国婚姻移民女性因语言不通所遇到的情况非常相似。拉丁美洲移民女性在韩国从事西班牙语讲师等语言相关工作，其配偶和子女在一定程度上也使用西班牙语与其交流，这一事实使得她们在家庭和工作场所缺乏学习韩语的足够动力，因此不利于她们韩语能力的提升。

为了得到本源国家庭成员的情感支持，拉丁美洲移民女性会通过各种方式保持着与故乡家人的联系。她们试图通过日常沟通来强化自己的子女与本源国家庭之间的纽带关联，通过这种纽带关联，他们可以获取抚育子女的一些经验知识，或将子女的教育托付给本源国的家人。她们周期性地回来源国或邀请家人来韩国小住，试图以此克服在抚育子女过程中遇到的各种困难。

不同文化背景的跨国婚姻移民女性的母性经历所面临的冲突与矛盾不同，本研究对在韩国的拉丁美洲移民女性的母性经验的解读，希望能为相关多元文化支持项目及政策的改进提供一些参考。

参考文献

［1］赵轩合，等.国内越南移民女性的母性矛盾[J].韩国护理学刊，2014，14（6）：617-629.

［2］张仁顺.结婚移民女性产前管理的实况和影响因素[J].女性健康护理学

刊，2010，16（4）：326-335.

［3］郑金姬.多元文化家庭移民女性的妊娠以及分娩健康管理实况[J].女性健康护理学刊，2009，15（4）：261-269.

［4］金泰任.关于跨国婚姻移民女性的母性经验的现象学研究——以城市居住移民女性为中心[J].女性健康护理学刊，2012，18（2）：85-97.

［5］CARDENAS BARAJAS，CINTLI AYESA.Mexican Female Marriage Migrants in South Korea：Adaptation Experiences[D].Seoul：Korea University Dissertation，2015.

［6］HARRY GOULBOURNE，TRACEY REYNOLDS，JOHN SOLOMOS，ELISABETTA ZONTINI.Transnational Families：Ethnicities，Identities and social capital[M].London：Routledge，2010.

［7］DIANERICHARDSON.Women，Motherhood and Childbearing[M].New York：St.Martin's Press，1993.

［8］RIVERO HERRERA，JOSÉ.Educación y exclusión en América Latina：Reformas en tiempos de globalización[M].Lima：Tarea/Minioy Davila，1999.

［9］CELMIRA LAZA VÁSQUEZ，MARCELA IVONNE PUERTO LOZANO.Cuidados genéricos para restablecer el equilibrio durante el puerperio[J].Revista Cubana de Enfermería，2011，27(1)：pp.88-97.

［10］LIAMPUTTONG，PRANEE.Life as mothers in a new land：the experience of motherhoodamong Thai women in Australia[J].Health Care for Women International，2003，24(7)：pp.650-668.

［11］MOON，SEUNGSOOK.Immigration and Mothering：Case Studies from Two Generations of Korean Immigrant Women[J].Gender and Society，2003，17(6)：pp.840-860.

［12］NISKAKATHLEEN，SNYDERMARIAH，AND LIA-HOAGBERGBETTY.Family Ritual FacilitatesAdaptation to Parenthood[J].Public Health Nursing，1998，15(5)：pp.329-337.

［13］O'HANLON，RACHEL.Mothering the new mother：Women's feelings and needs after childbirth[J].Journal of Midwifery & Women's Health，2005，50(5)：pp.435-436.

［14］LAURA I.SIGADand RIVKAA.EISIKOVITS.Migration，Motherhood，

Marriage：Cross-Cultural Adaptation of North American Immigrant Mothers in Israel[J]. International Migration，2009，47(1)：pp.63-99.

［15］TUMMALA-NARRA，PRATYUSHA.Mothering in a foreign land[J].The American Journal of Psychoanalysis，2004，64(2)：pp.167-182.

马来西亚文冬玻璃口新村外籍新娘探析

陈润旭[①]

【摘要】随着全球化进程的加快，东盟国家间的贸易、文化交流呈现常态化特点，交通越来越便捷，使东南亚国家间的人口往来更为密切，加之马来西亚国民所持"万能护照"可以免签入境166个国家和地区，在东南亚地区除了缅甸全部免签。这很大程度上为马来西亚公民与其他国家人士的跨国婚姻提供了便利。经调查发现，在马来西亚最大的"广西村"——玻璃口新村，村民因工作、旅游等原因结识自己的人生伴侣，或者通过婚姻中介"买"一位外国妻子，于是在玻璃口新村形成了外籍新娘群体。从第一批外国新娘——印尼华人嫁入新村开始至今已有20余年，第二批是泰国籍太太，第三批是越南籍和中国籍太太。其实玻璃口新村跨国婚姻现象是马来西亚跨国婚姻的缩影。本文以玻璃口新村外籍新娘为例，深入田野点，力求为马来西亚跨国婚姻的研究做一些有益的补充。

【关键词】马来西亚；广西籍华人；跨国婚姻；外籍新娘

一、学术回顾

随着全球化程度的加深，各国友好往来日益密切，多国移民政策的放宽、跨国婚姻人口流动的现象变得更为常见，有学者认为跨国婚姻的程度体现着全球化的程度。目前，学者们从法学、经济学、心理学、人口学、社会学等多个学科角度研究跨国婚姻家庭问题，跨国婚姻中结婚的原因、婚姻质量、婚后影响和亲子关系互动等是重点关注的内容。其中，国内外学者在跨国婚姻方面研究最多的是边境地区跨国婚姻，在华的跨国婚姻，某国新移民婚姻研究三个方面的问题。

---

①陈润旭，广东恩平人，广东外语外贸大学学生工作（部）处科员，研究方向：民族文化、马来西亚华人华侨。

中国幅员辽阔，广西、云南、内蒙古等多个省或自治区与越南、缅甸、俄罗斯等多个国家接壤。有些民族在文化上甚至同根同源，历史上边境民族间往来密切，由于地理位置靠近，边境民族之间通婚也较为常见。边境跨国婚姻问题的研究硕果累累，几乎每个边境地区都有学者研究过。李雪岩、龙耀在《中越边境跨国问题研究（妇女篇）——以广西大新县德天村为例》一文中提出中越边境的跨国婚姻非常普遍，剖析了德天村越南媳妇的特殊性及对嫁入家庭带来的影响。李海芳以中缅边境村庄景颇族龙村为田野点，描述了在"同一族缘"文化影响下跨国婚姻的形成过程及原因，考察龙村的跨国婚姻如何在当地边民眼中的"合理"与国家话语中的"非法"中找到出路。

除了边境跨国婚姻的研究，也有不少学者研究中国沿海和内陆地区的跨国婚姻聚集地，如张蔼恒、孙九霞研究广西桂林阳朔跨国婚姻外籍配偶与东道主社区双向文化适应问题。曾素秋做了台湾跨国婚姻家庭亲子关系的研究，作者认为大致来说，跨国婚姻家庭都要面临在经济与文化方面弱势的挑战，但是不会影响他们在亲子关系上投入的积极性。再者，新移民的身份、认同、适应与融入生活就业处境等内容是学者们热衷探讨的。婚姻方式及投资方式是新移民实现合法移民的两个方式。通过婚姻合法移民的中国新移民群体，一定程度上要承受当地公民认为其为"淘金"嫁入马来西亚的舆论压力，如社会地位较低，在就业方面也受到诸多限制。虽然跨国婚姻通常会导致夫妻一方国籍的改变，但随着争取公民权利方面的形势变化，作者忽视了在中马跨国婚姻中，不愿放弃原有国籍的小部分人的存在。

也有学者以跨国婚姻中介群体为切入点，通过调查中方与越方商业婚介过程与各方互动网络，来探析婚姻中介群体行为的内在动因，并将其精准概括为"无利不媒"。跨国婚姻家庭是一个很值得研究的主题，婚姻类型和择偶选择可以反映族群关系和文化认同程度。马来西亚拉曼大学对"新村"做了大量的调查研究，但主要侧重新村经济发展与应用互联网程度的研究。虽然国内外学者对马来西亚华人婚姻研究也取得了一定成果，但对华人婚姻问题的关注不够，对广西籍华人婚姻研究更少，本文选择马来西亚最大的"广西村"——文冬玻璃口新村，是因为此新村内的婚姻类型不仅有当地华人族内婚，与马来族群、印度族群间的族际婚，还存在着多个国家的跨国婚姻类型，希望可以为马来西亚华人跨国婚姻研究增添一个新的典型且有普遍性意义的案例。

二、玻璃口新村人口概况

玻璃口新村位于马来西亚彭亨州文冬县，距离吉隆坡市中心一小时车程，与文冬县街场（县中心）仅有一条文冬河之隔，是文冬五大华人新村里距离文冬县最近的新村。玻璃口新村是1948年马来西亚实行"紧急法令"下形成的村落。此法令也称"布里格斯法令"，颁布法令后将华人临时紧急聚居在一起，目的是阻隔当地华人垦民与马来西亚共产党的接触和支援。附近华人集中时，该村内平地上已有几排塑胶公司搭建的员工宿舍，每间宿舍长宽均为100英寸。集中后，华人开始就地取材搭建临时居住的房屋，起初大家以为仅是临时集中，还有望迁回原址居住，所以所占面积不大。没想到却住了一辈子，家中人口增多后，子女有足够的经济能力便购买附近的住宅，或因工作原因常住吉隆坡。

截至2015年，玻璃口新村有村民六百多户，六千余人。华人人口占新村总人口的97%，而广西籍华人约占整个新村总人口的87%，是马来西亚最大的"广西村"。①此处广西籍华人主要来自中国广西容县、北流和岑溪。此外，村里还居住着广东高州、四会、会宁等其他籍贯的华人，还有来自印尼、越南、泰国、老挝和柬埔寨等国家的外籍新娘。

三、外籍新娘群体来源及类型

据调查发现，玻璃口新村有从印尼、泰国、越南、中国等国家嫁入的外籍新娘，她们嫁入新村的原因有很多，且不尽相同。整体而言，从时间与次序上来说，从20世纪末到21世纪初开始有外籍新娘嫁入，最早是印尼华人，再是泰国新媳，中国新娘与越南新娘几乎同期嫁入，而近十年越南新娘嫁入新村及周边花园住宅区数量更多。近五年，也有少数东南亚其他国家的新娘嫁入马来西亚，如柬埔寨和老挝，人数虽少，但不得不说这些国家的流动人口跨国婚姻也正在成为一种新的趋势。

表1　目前玻璃口新村外籍新娘人数（不完全统计）

民族	印度尼西亚	泰国	越南	中国	柬埔寨	老挝	合计	比例/%
华人华侨	5	1	0	3	0	0	9	29

---

① 数据源于玻璃口新村村委会。

（续表）

民族	印度尼西亚	泰国	越南	中国	柬埔寨	老挝	合计	比例/%
非华人	1	3	15	0	1	2	22	61
自由恋爱	2	4	0	3	1	0	10	32.25
中介介绍	4	0	15	0	0	2	21	67.75

注：因外籍新娘流动性较强，无法精确统计。关于越南新娘的统计，是在综合访谈和观察结果的基础上的保守估算，实际人数应超过15人。

（一）外籍新娘背景来源

在东南亚地区，马来西亚经济实力和地位居前列，拥有"亚洲新兴工业化国家""亚洲第五条小龙""四小虎之首"等称号。2011年马来西亚家庭平均可支配收入为每月4025林吉特。①相比其他经济落后的国家，马来西亚家庭平均收入是很高的。所以外籍新娘从落后的国家远嫁到马来西亚，经济利益的诱导是主因，除此之外还有其他原因，如很多越南新娘不愿嫁给越南本地的男子，宁愿选择外嫁，因为她们认为越南男人懒惰，担心婚后有可能被家暴，而马来西亚华人男子比较勤劳和顾家。

自印度尼西亚独立后，发生了多次排华事件，印尼华人的正当权益与生命安全受到严重威胁。1998年，印度尼西亚受亚洲金融危机波及，国内政治经济动荡不安，别有用心人士刻意煽动反华情绪，又产生了大规模的排华事件。为逃离不稳定的环境，大量印尼华人陆续选择离开印尼。当时嫁到外国也是当地华人女性逃离动荡不安环境、寻求出路的一种办法，玻璃口新村内的印尼新娘均是20世纪末到21世纪初嫁入马来西亚的。

一种情况是外籍新娘先是在跨国婚姻中介的媒介促成下，大量嫁入马来西亚。另一种情况是散户中介（个人）婚介主要是利用人际关系网络挖掘需求和物色合适的人选。一个人嫁过来之后，介绍想嫁过来的亲戚，或者知道自己亲戚朋友外嫁到马来西亚，家中经济条件得到改善，所以也产生外嫁以改善家庭生活的想法，由此形成婚姻移民网络。另外，据访谈，很多文冬当地人是因为得知自己兄弟、朋友通过婚介娶到外籍新娘，自己在当地也难娶妻，所以也萌生了相亲的意愿，于是在文冬流行起了娶外籍新娘。

据观察，进入21世纪以来，玻璃口新村外籍新娘数量的变化与流出国经济

---

① 数据源于马来西亚统计局。

发展程度有关，如柬埔寨因"一带一路"沿线经济发展，就业机会增多，工资水平提高，更多人愿意留在本国工作，不愿远嫁他国，加之马来西亚打击非法婚姻中介及对外国太太婚后在马来西亚居留政策的收紧，文冬外籍新娘数量正逐渐减少。

（二）外籍新娘类型

外籍新娘与其丈夫的结识方式，主要是自由恋爱和通过中介介绍认识，后者是支付一次性费用的买卖婚形式。若是夫妻两人是自由恋爱后结婚，有相对稳定的感情基础，婚后家庭生活也会比较和谐。而选择买外籍新娘作为妻子的男人，一般是年纪较大还没有成家，家里经济条件一般或偏下，所以买卖婚后外籍新娘的生活比起自由恋爱结婚的生活要困难一些。同时由于整个相亲过程非常短暂，甚至男方只看过女方的照片，两人就选择在一起了。男女双方并没有深入了解过对方的性格脾气、生活习惯等便缔结了婚姻关系，因此常出现婚后感情不和、婚姻名存实亡、外国媳妇逃婚等问题。

1. 自由恋爱

因自己认识或朋友介绍认识，谈恋爱后结婚的外籍新娘在整个外籍新娘群体中占少数，有的因与男方在同一个公司工作结识，或者朋友介绍认识，有的是男方到印尼、马泰边境旅游时认识自己的妻子或是怀着寻找对象的目的前往当地旅游。自由恋爱的夫妻会有较长的时间去了解对方，语言不通者为了更好地沟通，要学习对方所说的语言，于是在长期的交流中增进双方了解和感情。

May是柬埔寨人，因柬埔寨工资水平低，跟随姐姐出国到马来西亚吉隆坡工作。她与丈夫谈恋爱三年多，因意外有了孩子担心以后办理不了签证，所以赶紧注册结婚。如果没有孩子，夫妻两人还想谈恋爱久一些。谈起适应问题，May如是说："刚刚来不习惯的，现在OK了。我老公对我很不错，不然我也不要来了，这样远，一个人（在马来西亚）没有朋友很难的。刚开始办理手续很麻烦，要写很多东西（填表），我不会写，在柬埔寨都没有写过华语，都是我老公帮我弄。现在我会说一点马来语，会去巴刹（菜市场）那边买衣服了。之前刚来我去巴刹，他们见到我皮肤黑，不像华人，就跟我讲马来语。"为了更好地生活，May老公选择到日本工作，三四个月回来一次，May则留在新村附近的一间民宿工作，工作轻松，也结识了不少朋友，在有收入的情况下还能照顾孩子。这反映出在家人的帮助下，自由恋爱、有感情基础的外籍新娘融入当地社会较快，婚姻质量较高。

王YX是中国云南西双版纳人，与丈夫（马来西亚华人）结婚13年，在马来西亚定居11年多。谈起相识的过程，她说自己先在越南一家公司工作，后调往柬埔寨分公司，与老公（马来西亚华人）在同一家公司，因为当时公司里外国员工是住在同一栋楼，两人得以相识。相恋6年结婚，有了孩子她便辞掉工作，回马来西亚定居。王YX并没有成为马来西亚公民的意愿，因为中国公民的身份在西双版纳能享有更多的福利：她分配到了300棵橡胶树和房子，现在都交给中国的亲人管理、居住。而且她觉得马来西亚的治安并不是很好，医疗保险方面也不如中国完善，"在中国随时都能看病，就算大半夜也可以看急诊，而马来西亚不是的，（在文冬）小地方小病可以看，但大病急诊一定要去吉隆坡，而且如果要看医生，我一定会去看私人医生，因为在马来西亚有实力的医生都出来自己开诊所了。"

在调查过程中，笔者发现少数外籍新娘加入马来西亚多年仍没有获得马来西亚公民身份的原因不仅仅是申请困难等客观因素，还有一小部分外籍新娘不愿放弃自己原国籍的主观因素，其中除了对祖（籍）国家的认同，更多是由于原国籍公民身份捆绑的经济利益或享有的福利。这种情况仅见于自由恋爱的跨国婚姻中，中介介绍的跨国买卖婚姻中还未发现。

2. 婚姻中介介绍买卖婚

相比自由恋爱，在玻璃口新村通过中介结识结婚的跨国婚姻要多得多。文冬是广西人聚居的市镇，大多数人以务农为主。有些大龄男性家庭条件穷苦，或年轻时懒惰、好赌没有存下钱作为结婚资本等原因，在当地很难娶到老婆，只能转向周边经济较为落后的东南亚国家寻找对象，如印尼、越南等国，所以催生了一批非法婚姻中介。还有一种情况，早年嫁入马来西亚者熟悉了注册流程，知道靠婚姻介绍费获得的收入非常可观，所以自己当介绍人，成为婚姻媒介网络中的散户中介，通过牵线搭桥，介绍自己的亲戚或朋友嫁给文冬当地的男性。婚姻中介介绍的买卖婚绝大部分都是"老夫少妻"，年龄差距为15岁到20岁。

在玻璃口新村内，买卖婚现象集中在印尼和越南两个国家的外籍新娘里，印尼新娘进入是20世纪末21世纪初，而越南新娘进入玻璃口新村则更晚。但在数量上，越南新娘远远超过印尼新娘及其他国籍的新娘。玻璃口新村村民江CC先生（36岁，祖籍广西北流）于1999年跟随马来西亚非法婚姻中介前往印尼相亲，相亲当天从早上十点多到下午六点，看了40多个女孩才选中了他的妻子

（21岁，印尼华侨，祖籍广东潮州），他选人的标准主要是合眼缘，其他"妹仔"（相亲的女生）有些很年轻，年龄太小。从在酒店轮流排队相亲的印尼女生数量，可见当时印尼外嫁到外国的情况和未婚女子对外嫁到国外的渴望。

据江先生的回忆，整个相亲的过程如下，听说文冬有中介带人去印尼相亲，经人介绍找到了中介。协商好出发时间，中介与江先生和另一位男人一同前往印尼，大家都住在酒店里，在酒店咖啡厅与"女孩们"轮流见面。相中了之后简单了解一下，双方同意后便可以先各自回去，第二天去女方家里见家长，紧接着第三天举办婚礼，从女方家里出来后去拍婚纱照。晚上请女方的亲戚朋友主要是"自己人"在酒楼喝喜酒。在印尼"相亲"时，婚姻中介会为新人打点好婚车、酒席、拍婚纱照等"流程"。举行仪式之后，中介带着他们去印尼婚姻注册局登记，同时出具单身证明以提供给马来西亚海关和移民厅查验。之后双方一同回到马来西亚，再邀请男方亲戚朋友来喝喜酒。印尼与马来西亚的婚礼习俗都按照中式传统举办。整个过程大概两周而已，因为时间越久花费越多，中介赚的利润就越少，所以要快速相亲，但随之而来的是办理结婚签证和漫长地申请办理外籍配偶的马来西亚公民身份证明。

近20年来，买卖婚姻的相亲过程发生了变化，印尼新娘一批主要是男方到印尼买心仪的华人对象，而越南新娘这一批通常都是女方先以旅游签证的方式进入马来西亚，然后在1—2个星期内通过中介介绍找到喜欢自己的男人，或者是被男人相中后再从越南过来。整个过程大致是中间人帮忙办理签证和订机票，一同从新娘原籍国乘坐飞机抵达马来西亚，再到物色相亲，收取中介费，全过程虽然都是介绍人出钱，但全都包含在其夫家支付的中介费里。外籍新娘也认为所有的花费是自己的丈夫支付的，会给带自己来的朋友或亲戚。买卖交易完成后都按照步骤办理登记注册，成为合法夫妻。更有人谨慎地选择分期付款，能办理结婚证之后再给中介结尾款，以防骗婚。

四、不同国家外籍新娘的特点

从20世纪末开始，玻璃口新村有外籍新娘嫁入，新村内现有印尼、泰国、越南等6个国家的外籍新娘，而不同国家的新娘群体呈现不同的特点。目前，柬埔寨籍和老挝籍新娘人数相对更少，暂不讨论。

（一）印尼新娘，获取公民身份证较易

嫁入玻璃口新村的5位印尼新娘中有4位是印尼华人，1位是印尼人，她们于

20世纪末到21世纪初期嫁入新村，最早嫁入者嫁入已20年。由于印尼新娘在印尼时学习的是马来语，因印尼当地压制和消灭华文教育，所以印尼新娘只会写马来语而不识华文，只懂自己的方言，比如客家话、潮州话等。因为会讲马来语和书写马来文，所以她们在嫁入马来西亚后，无须学习马来语，在申请马来西亚公民身份证时，比其他国家的外籍新娘更易阅读理解相关手续的文件和较为顺利地通过移民厅的马来语考试。但获取公民身份证明的历程仍是漫长的、烦琐的，需要外籍新娘和丈夫不断向移民厅申请，直至获批"红登记"（马来西亚发给外国人的永久居留权MyPR）和"蓝登记"（马来西亚国民身份证）。

按照马来西亚移民厅规定，娶外籍配偶者夫妻二人新婚后每个月都要去更新签证以获得外籍配偶的居留资格，后来可半年更新一次签证，再到一年一签。1999年，江先生从印尼回来后三个月基本没工作，一直跑当地政府部门，按照移民厅的要求来办理手续。夫妻结婚十几年后他的妻子才申请到了"红登记"，过了两年再去申请"蓝登记"，申请后等了3—4年（2017年）才转成"蓝登记"。办理外籍太太的身份证明手续比较繁杂，等待时间很久。材料不够会被打电话通知再去移民厅，从文冬去关丹移民厅要一个小时。那时候距离文冬最近的移民厅是劳务移民厅，是分部。总部是吉隆坡移民厅，外籍新娘加入马来西亚需要到所在的州属移民厅办理手续，彭亨州文冬人需要去彭亨州首府关丹移民厅办理相关手续。

江先生说："在彭亨州娶印尼妹有申请一般都能申请到公民身份，越南籍和泰国籍等外籍新娘就比较难一些，因为她们不会讲马来语，比较难沟通和通过移民厅的面试，而印尼太太因为在印尼也是讲马来语，所以基本上可以进行沟通。"江先生的大哥也是娶的印尼籍华人新娘，但结婚20多年后才办好公民登记手续，时间上相对更久。

（二）泰国新娘，保持原乡文化最浓

玻璃口新村有几位泰国新娘，自由恋爱结婚的居多。其中，两位泰国新娘在新村内经营泰国特色餐饮店，以泰国冬炎汤（冬阴功汤）著名。泰国新娘在外籍新娘中，保持泰国原乡文化程度是最浓的，外化特征最明显。其中一位泰国新娘已经嫁入新村20多年，但在家中每天仍然供奉、祭拜泰国佛和泰国国王，听佛经，收看泰国新闻和电视剧等，定期前往泰国神庙。在家中，泰国新娘时常会用泰语与孩子们交流，做泰国菜。相比其他国籍的新娘，泰国新娘嫁入马来西亚后，保持其原乡的宗教、饮食和语言的特征是比较明显的，而且泰国文化对其子女影响也较深。

（三）越南新娘，婚后生活难

玻璃口新村的越南新娘都是通过亲友介绍"卖"到新村的，中介费大约是一万六千马币，以支付介绍成功前越南新娘的一切花费，如机票、签证费、在马来西亚的食宿等。越南新娘几乎都来自贫穷且兄弟姐妹较多的家庭，一般都是家中长女，受文化教育程度不高，但学习能力强、勤劳。越南新娘跟随自己的亲人或经朋友介绍外嫁，与文冬当地家中贫苦、大龄未婚的男人结合，是跨国婚姻中的"弱弱组合"。婚后生活条件一般，随着孩子上学家庭支出增加，所以妻子需要外出工作以寄钱回去帮扶娘家和分担丈夫的家庭重担。更有越南新娘因男方家庭没有继续给钱花或赌钱欠下高利贷选择婚后逃走，她们中的极少数人结婚的主要目的是和介绍人一起骗财产。

此外，越南新娘婚介中存在着明显的欺骗和威胁的成分。先嫁者从越南带未婚者来马来西亚，谎称来马来西亚务工，到马来西亚后告知须在马来西亚结婚才可工作，否则算违法，如不愿意，再威胁，如不选择结婚则须赔偿签证和机票费用。

十年前，陈CQ（42岁）、李DH（越南新娘21岁）由各自的堂姐介绍认识，她说没有想过21岁结婚，堂姐先嫁过来马来西亚，也介绍了很多越南人嫁过来。"原本我堂姐介绍我过来的时候，是说过来工作的，过来之后才说不能在这里工作，要在这边结婚才可以，不然警察会来抓，如果要回去越南的话，要赔回堂姐帮忙买的飞机票，我第一次坐飞机什么都不懂，一个人过来除了堂姐谁都不认识。只能选择在这边结婚，后面被丈夫选中就结婚了。有介绍费，但堂姐没有给我钱，也没有告诉我介绍费有多少，钱由两个中间人分了。"

通过中介介绍的跨国买卖婚中，大部分外籍新娘是自愿嫁到文冬的，也有单纯的女子被迫成为外籍新娘中的一员。

五、结论

外籍新娘因何外嫁，如何努力适应陌生的环境，对未来生活有何计划与期盼？在访谈中我所接触的外籍新娘们勤劳、坚忍、乐观，以子女和家庭为中心。越南媳妇骗婚、好赌、欠债潜逃等负面形象也有耳闻，所幸当地居民能辩证地看待外籍新娘这一群体，肯定她们勤劳的美好品质，愿意接纳包容。整体上看，外籍新娘是一个弱势群体，尤其是被买过来的外籍新娘，因为家中贫穷只能嫁给比自己年纪大很多的丈夫，在马来西亚就业受阻，公民身份申请困难，得不到社会保障。面临着需要较长时间适应与主动融入当地社会、辅导子女作业更加困难等问题。笔者认为通过合法婚姻移民的外籍太太应简化相应的手续，缩短等待年限，放宽就业条件，使外籍新娘在马来西亚也能拥有相对平等的就业机会和社会福利保障，帮助她们更好更快地融入马来西亚社会中。

参考文献

［1］李雪岩，龙耀.中越边境跨国婚姻问题研究（妇女篇）——以广西大新县德天村为例[J].世界民族，2008（4）：75—80.

［2］李海芳.龙村景颇族跨国婚姻研究[D].昆明：云南大学，2013.

［3］姚珠铃.生存与发展：中国新移民在马来西亚[D].厦门：厦门大学，2007.

［4］武艳华，陈海萍.无利不媒：中越跨国婚姻婚介者的行动逻辑[J].人口与社会，2017，33（3）：104—114.

［5］张丹.浅析印度尼西亚独立后的排华原因[J].戏剧之家，2016（15）：283.

国际移民对孟加拉国女性家庭角色的影响[1]

格拉姆·拉巴尼[2]张禹权[3]

【摘要】本文以孟加拉国国际移民女性为中心，试探究国际移民对这些女性的本国家庭有哪些贡献，这些贡献给她们的家庭角色和地位带来了怎样的变化。该研究通过采访归国女性和她们的子女、丈夫及其他亲属，同时结合新闻报道、政府官网数据、学术期刊等文献资料对孟加拉国国际移民女性进行了多方位考察。女性移居海外是近来在南亚地区发生的现象。通过海外就业，女性将收入汇往家庭，可为家庭增收，并由此获得了改善家庭地位的机会。孟加拉国的劳动者虽然分布于世界132个国家，但孟加拉国女性移民的主要目的地是沙特阿拉伯、阿曼、阿联酋、黎巴嫩、约旦、科威特、巴林、利比亚。来自海外的汇款缓解了孟加拉国女性家庭的贫困，使其在教育、医疗、住房和食品消费等方面都得到改善。国际劳动力市场的要求和全球化管理充分说明了发展中国家女性的国际移民如何满足了发达国家工业用工和服务业用工的需求。

【关键词】孟加拉国女性；国际移民经历；家庭地位变化

一、绪论

20世纪80年代以后，亚洲海外移居呈现出女性比重加大的显著特征。由亚洲发展中国家到海湾地区的女性移民者较多，到发达的东亚国家从事家政工作的情况也很多。移居女性通过汇款，在经济上为她们的本国家庭增收作出了重

---

①本论文原文为韩文，是经机器翻译后，由国内学者加以修改润色而成，其参考文献著录格式遵循APA国际学术界常用格式。本文参考联合国对"移民"的定义，将研究对象概称为"移民女性"。

②格拉姆·拉巴尼，孟加拉国人，韩国全南大学国际移民学博士研究生，研究方向：国际移民劳动者。

③张禹权，韩国全南大学情报学教授，研究方向：情报文化史。

大贡献。除汇款之外，由于女性劳动者大都结婚生子，国际移民使得她们在本国家庭中的地位和作用发生了改变。①

孟加拉国的国际移民现象开始于1976年，女性移民现象直到1996年才逐渐凸显。在过去几十年中，与斯里兰卡、印度尼西亚和菲律宾等其他亚洲国家相比，孟加拉国女性移民者的人数非常少，却也遍及20多个国家。根据孟加拉国人力资源雇用和培训局统计（Bureau of Manpower，Employment，and Training，BMET）显示，2017年孟加拉国人的海外就业人数为1,008,525人。其中，女性劳务者121,925人，占孟加拉国全部移居劳动者的12.1%。同时，2016年约有118,000名女性劳务者移居海外，2015年约有103,718名。这些孟加拉国女性通过汇款促进了本国经济社会发展，但她们在移居国家却处于恶劣的劳动环境，特别是在中东的女性劳务者，暴力和虐待对于她们而言从未停止。

统计资料显示，由于农田减少，农村地区贫困加重以及大城市制造业的发展，近几十年来，许多农村女性主要在成品服装领域获得就业机会而移居城市，其中一些人冒着危险移居到其他国家。但宗教信仰、语言问题、婚姻问题等各种因素也阻止着孟加拉国女性移居海外。从头顶到脚底包住身体的装扮习惯在孟加拉国女性决定移居海外时仍然是主要障碍。与其他发展中国家的女性一样，在孟加拉国家庭中，妇女的决策权通常比男子低，由于较弱的经济主导权，职业选择有限，加之较低的技术水平，较低的受教育程度，让她们受到很多择业限制。孟加拉国女性不仅面临着移居国社会的挑战，也经历着像雇主有不当行为如拖欠薪水、残忍的虐待以及性骚扰等多种遭遇。在这种情况下，许多公民社会学家和人权运动专家提出了质疑，即女性移民的增加到底是有效地减轻了家庭中对女性的压迫，还是为剥削开辟了新途径。

孟加拉国学者研究表明，女性移民者的侨汇额度比男性移民者的更大。这些女性移民者中劳务输出型占大多数，她们的食宿由雇主提供，在积极攒钱的心态影响下，她们把大部分收入汇往本国。女性的国际移居显示出全球化对家庭的影响，以及如何重新调整家庭分工。女性移民使女性能离开家庭，并且凭一己之力照料整个家庭。这项研究旨在探析移民女性在祖籍国拥有怎样的经

---

①Pritu，A.J（2018），overseas migration of female workers on the rise despite reports of abuse，Report of Dhaka Tribune.Published on March 28th 2018，Searched date on September 10th 2019.

历，在移居国面临怎样的挑战，以及因妻子移民而引起的家庭劳动分工变化，同时探究作为母亲的女性在移民后如何继续履行她们的抚养责任，如何改变家庭关系等。简言之，本研究的主要目的是探索女性的国际移民如何改变她们在孟加拉国家庭中的作用和地位，以及她们如何在经济、社会方面作出贡献。

二、相关研究及理论背景

从20世纪七八十年代开始，随着海湾地区和东亚、东南亚新兴工业国的劳动者需求增加（Asis，2005）[①]，女性移民异军突起。中东国家对家政劳动者需求的增加，吸引了许多女性以家政劳动者身份走上国际移民道路（Kaur，2007）。[②]

许多孟加拉国人居住在国外，他们从何时开始移居海外，目前还不清楚。最早有文字记载的移民是19世纪后期移居英国的低级劳工群体（Hadi，1999：Islam et al.，1987）。孟加拉国劳工在"二战"开始前主要移居英国。在英国政府为外籍劳工引入雇用证书制度的时期，孟加拉国大量准熟练工人（semi-skilled labourers）移居欧洲（Hadi，1999）。此外，由于孟加拉国持续不断的恶劣经济形势，年轻的劳务者不得不在亚洲及中东其他地区寻找就业机会。

海外侨民对孟加拉国的汇款对提高当地人民生活水平有巨大贡献（Hadi，1999：Islam et al.，1987）。由于航空交通的发展，数以千计的孟加拉国海外移民经常回国探亲，海外就业的经济价值也大幅增加。留在本国的家人不仅要适应家庭成员的缺位，还要适应他们寄来的汇款、生活用品以及移居者所传达的态度和行动的影响（Hugo，1999）。[③]詹姆斯·克利福德（James Clifford，1994：313—314）谈到在移居过程中性别角色变化时提出：保持和家乡、亲人网络以及宗教、文化传统的关系，还可以使家长制的结构焕然一新。[④]已婚女

---

①Asis, M., & Piper, N. (2008).Researching International Labor Migration in Asia. *The Sociological Quarterly*, 49 (3), pp.423-444.

②Kaur, A. (2007).International labour migration in Southeast Asia: governance of migration and women domestic workers. *Intersections: Gender, History and Culture in the Asian Context*, p.15.

③Hadi, A.1999. 'Overseas migration and the well-being of those left behind in rural communities of Bangladesh'. *Asia-Pacific Population Journal*, 14 (1), pp.43-58.

④J .Clifford. (1994).Diasporas. *Cultural anthropology*, 9 (3), pp.302-338.

性的移居影响着留在本国的丈夫性别角色的变化，作为妻子和作为母亲的作用伴随着移居都受到限制。以往的研究表明，在没有妻子或母亲的情况下，即使得到女性亲属或年纪较大的孩子的帮助，丈夫也会承担原本属于妻子的职责（Lam and Yeo 2015，Thao 2015）。[1]考夫曼等（Kofman，E.，& Raghuram，P，2012）认为，家政劳动这一新的经济活动形式为社会诞生出新的阶层，随着家政产业链和移居海外务工女性群体的增长，在母亲缺席的情况下，本国家庭内子女的养育由父亲负责。[2]女性长期移居海外对留守儿童的成长产生强烈的负面影响（UNICEF，2008; Lecke and Stoehr，2012）。但事实证明，女性作为家庭更负责任的移民者，通常会将收入的绝大部分汇给本国家庭，也更忠于她们的伴侣或其他家庭成员。[3]印度尼西亚女性劳务者大部分受教育程度低，属于低级劳工群体（Raharto et al，2002）[4]，孟加拉国及印度的女性移民者也类似（Raharto，2011）。另外，移居国家不同，薪金待遇也差别很大。例如，家政劳务者在印度尼西亚国内，平均每月可获得60—100美元的薪水，而在中东国家每月可获得200—250美元的薪水，在中国的港台地区则可获得500—600美元的薪水。[5]Luna，S.S.，& Islam，M.S.（2014）表明在一些国家，女性倾向于汇出比男子更高比例的薪酬（因为整体上是低工资水平），相比于为未来储蓄或投资，她们更倾向于优先考虑家庭成员的营养、健康、教育，汇款大部分用于偿还贷款、建房、子女教育、伙食费和健康管理。汇款确实会增加家庭收入，减轻家庭贫穷。在家庭中，一般会将额外可支配收入用于更好的食物、住房、长

---

[1]T.Lam，M.Ee，H.L.Anh，& B.S.Yeoh.（2015）.Securing a better living environment for left-behind children: implications and challenges for policies. *Asian and Pacific Migration Journal*，22（3），pp.421-445.

[2]Kofman，E.，& Raghuram，P.（2012）.Women，migration，and care: Explorations of diversity and dynamism in the global South. *Social Politics*，19（3），pp.408-432.

[3]Luecke，M.，& Stoehr，T.（2012）.The effects of migration in Moldova and Georgia on children left-behind. *Europe Aid Project*.DCIMIGR/210/229-604，Moldova.

[4]Raharto，A.（2002）.Indonesian Female Labor Migrants: Experience Working Overseas（A Case Study Among Returned Migrants in West Java）. *Journal of Population-Jakarta-*，8（1），pp.73-98.

[5]Raharto，A.，& Noveria，M.（2012）.Advocacy Groups For Indonesian Women Migrant Workers Protection. *Jurnal Kependudukan Indonesia*，7（1），pp.1-18.

期持续的子女教育或家庭成员的健康管理。这些移居者向本国汇款，对家庭成员健康的积极影响将弥补因她们缺席而造成的消极影响。①

在此背景下，该项研究试图探讨女性移居海外对家长制模式的影响，以及人们对女性移民的认识和在儿童抚养方面传统性别角色变化等方面的影响。

三、研究方法

该研究方法是通过采访归国女性和她们的子女、丈夫及其他亲属，同时结合新闻报道、政府官网数据、学术期刊等文献资料对孟加拉国国际移民女性进行了多方位考察。采访地点多在机场，集中收集资料时间为2019年3月1日至2019年9月30日。

表 1 受访者的信息资料

序号	姓名	年龄	性别	学历	婚姻状态	子女		移居国家	家庭内移居者身份	海外居住时间/年
						男	女			
1	ER	40	M	高中	已婚	2	1	黎巴嫩	妻子	1.5
2	SW	35	M	大学	已婚	0	1	阿联酋	妻子	3
3	JR	30	F	高中	已婚	1	0	阿曼	妻子	4
4	BH	16	M	高中	未婚	0	0	巴林	母亲	4
5	MT	16	F	高中	未婚	0	0	阿联酋	母亲	5
6	JH	30	大学	大学	已婚	1	0	沙特阿拉伯	妻子	4
7	RK	32	F	高中	已婚	0	1	约旦	妻子	13
8	KJ	52	F	小学	已婚	2	2	科威特	妻子	4
9	JG	42	M	高中	已婚	1	1	卡塔尔	妻子	3
10	BB	32	F	小学	已婚	0	1	阿联酋	妻子	3

表1显示的是受访者的基本信息。在劳动移民的情境下，孟加拉国社会的典型的男性性别优势随着时间的推移而减弱，大量孟加拉国女性在许多国家，特别是中东国家获得就业机会。大多数女性移民劳工是受教育程度较低的已婚妇女，她们通常迫于贫困和家庭压力，为了更好的子女教育和经济收入而移居。

大部分孟加拉国女性劳工到中东国家从事家政保姆工作，作为受教育程

①Luna，S.S.，& Islam，M.S.（2014）.International female labour migration and its impact on family member left behind：a case study on Sadarpur Upazila，Faridpur.*Oriental Geographer*，58（2），pp.157–162.

度不高和工作熟练程度较低的劳动者，她们在大部分移民国家中属于最下层阶级。目前，这些女性面临家政压力过大、低收入、性暴力等多层面的危机。

四、孟加拉国女性移民劳工的经历

女性移民劳动者通过汇款，对本国家人的生活水平的提高做出了巨大贡献，但由于许多女性移民者签订的多为项海外工作合同或须长期移居的工作（Hugo and UKwata 2010），[①]在她们已结婚生子的情况下，这种长期分离给其家庭结构带来很大影响，其中最主要的影响是对留守子女的抚养职责发生了变化。原本应为父母双方共同抚养子女，而移民女性的子女主要由她们的丈夫来负责，有些孩子同祖父母或姨妈一起生活，但由于亲生母亲不在身边，他们在身体和心理发育层面常会陷入脆弱的境地。

1.孟加拉国出身的移居女性

孟加拉国和尼泊尔的女性最近进军海外劳动力市场，与世界范围内的移民规模相比，女性移民比例仍然很低（Islam，2009），这是由于尼泊尔在2007年之前禁止女性往中东移民，而孟加拉国在2003年以前也禁止女性移民（Rahman and Yong，2014）。[②]截至2004年，来自孟加拉国的女性移民仅占1%，但2010年，其比例却达到6.42%。移民女性大部分来自达卡地区，其中达卡地区的前5个区（达卡、马尼克干地、纳拉扬干地、帕里德布尔和加齐布尔）的女性移民占整体孟加拉国女性移民的一半以上（52%）（Masuduzzaman，2014）。[③]

目前，海外劳动市场中的女性大部分从事家务劳动、清洁、服装加工等特定职业。这些劳务者大多来自经济背景恶劣的村庄和城市郊区。尽管有关海外工作环境恶劣和遭受虐待的报道不断，但越来越多的孟加拉国女性选择出国劳务的道路。尽管出国务工给家庭带来很多实惠，但女性移民劳工无论在其本

---

① Hugo，G.& Ukwatta，S.（2010）.Sri Lankan female domestic workers overseas—The impact on their children. Asian and Pacific Migration Journal，19（2），pp.237-263.

②Rahman，M.M.，Yong，T.T.，& Ullah，A.A.（2014）.Migrant remittances in South Asia：an introduction.In Migrant Remittances in South Asia （pp.1-30）.Palgrave Macmillan，London.

③ Masuduzzaman，M.（2014）.Workers' remittance inflow，financial development and economic growth：A Study on Bangladesh. International Journal of Economics and Finance，6（8），pp.247-267.

国，还是在移居国都是社会弱势群体。虽然出国务工是她们获得就业的一种可能途径，但她们中的一些人要忍受着人权被侵犯、虐待和歧视的处境，甚至面临被贩卖或遭受其他极端形式剥削的风险。

表 2　对孟加拉国女性出国务工的社会认知

负　面	正　面
☆女性出国不好。 ☆外国人会虐待她们。 ☆比起出国务工，她们在国内服装厂工作更好。 ☆丈夫/父亲（应抚养家庭的）把妻子/女儿送到海外务工是件可耻的事情。 ☆母亲的不在会对儿童的健康，心理，教育等产生不良影响。	☆认为人们正在接受更多的教育，对女性移民持肯定的态度。 ☆从家庭经济增长和其他方面能看到女性移民的成就的一面。 ☆一些女性认为别人可以去，为什么自己不可以呢。 ☆这有助于减少对女性的家庭暴力，增强其决定权。 ☆这有助于提高儿童的教育率和健康管理水平，有助于女性地位的提高，让她们得到社会认可。 ☆这对废除婚姻礼金习俗有帮助。 ☆有助于加强夫妻间相互关怀和理解。

1976年至2018年5月，孟加拉国劳动者主要前往美国、加拿大、英国、意大利等欧洲国家以及中东、东亚国家。从2014年1月1日到2018年6月中旬，有304,848名孟加拉国公民在海外就业，共有约1000万名孟加拉国人分布在全世界的165个国家。

居住在海外的大部分孟加拉国移民受雇于建筑公司、服装制造、西服店、汽车修理业、食品店、水果蔬菜及其他农场、餐馆等，大部分女性移民受雇

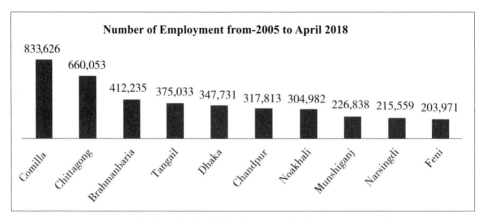

图 1　孟加拉国各地区的海外就业人数（2005—2018）

（来源：BMET-2018）

于保洁等家政服务业。这些海外移民在过去十年对孟加拉国的贡献为总GDP的7%—8%。孟加拉国在全球12个汇款接收国中排名第11位。就雇主国而言，雇用孟加拉国女性有几个原因：本国劳动力短缺，对廉价劳动力的需求大，孟加拉国人的忠诚也使得她们很受欢迎。孟加拉国女性移民的平均工资从150美元到300美元不等，职业类型不同，每个国家的工资水平也不尽相同。

图1显示的是孟加拉国各地区的海外就业人数。在该表中，科米拉和奇塔贡是孟加拉国最著名的海外移民输出区域。

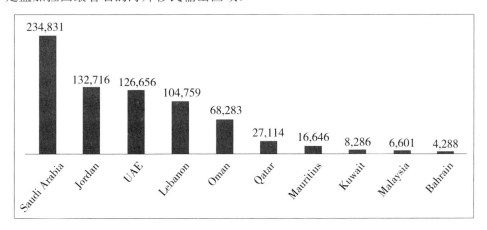

图2　孟加拉国女性海外就业前十个国家（1991—2018）
（来源：BMET-2018）

孟加拉国女性海外务工开始于1991年，主要目的国是中东国家、东亚及包括马来西亚、新加坡在内的东南亚国家。从1991年到2018年12月，有将近234,831名孟加拉国女性移民移居沙特阿拉伯，其他目的地国家依次为约旦为132,716人，阿拉伯联合酋长国为126,656人，黎巴嫩为104,759人。1991年至2018年，孟加拉国女性移民劳务者总数为747,726人。截至2018年6月中旬，以劳动移民身份移居海外的孟加拉国女性劳务者约有55,149名（BMET-2018）。

2.对女性移居者的态度变化

孟加拉国女性移居者为求得在国外就业会面临多种困难：首先是在孟加拉国国内社会的各种阻碍，其次是在移居国工作岗位上的多种挑战，此外，她们回到孟加拉国后需要重新适应国内社会环境。

孟加拉国女性决定移居海外并不容易。因为在孟加拉国，受宗教信仰影响和社会正统性约束，女性移居海外的情况并不常见。即使女性劳务者打破那些宗教规定和社会阻碍而决定移居，但她们回国后，还需要面对一些未知的生活。在移居国，女性劳务者得不到加班费，也没有足够的食物，甚至每天只能吃一餐。她们中的大多数人不允许外出或从事其他工作，有的遭受过肉体虐待，有的甚至遭受过雇主及其家人性骚扰，有的不能如期领取工资，甚至几个月拿不到工资。本研究还探究了孟加拉国社会如何接纳从海外返回的女性务工者。孟加拉国女性移居者回国后也面临各种困难，大部分女性不仅得不到家庭的优待，更得不到丈夫的善待。令人惋惜的是，她们通常被视为被移居国的雇主虐待过的不纯良的女性。

据孟加拉国机场移民服务台介绍，2019年，有超过1000名女性移民劳务者在移居国经历了身体上的虐待和性骚扰后回国。她们大多是从沙特阿拉伯回国的，还有一部分女性归自阿拉伯联合酋长国、黎巴嫩和阿曼。在孟加拉国网络活动（BOAF）中，报道了孟加拉国女性移民劳动者中至少有22名女性最近在中东国家自杀的事实（New Age，2018.3.30）。但孟加拉国海外侨胞福利部和海外雇用部认为，她们提前回国的原因是受教育程度不足、语言问题较大。一位受访者对笔者讲述了自己从沙特阿拉伯回来后的经历。

案例1：

> 我在沙特阿拉伯工作了15个月。我拿不到护照和必要的文件，遭受虐待后，从卡皮尔（雇主）的家中逃出，躲避到大使馆。我在那里待了一个星期，之后工作人员把我送到驱逐中心待了两个星期。雇主在过去三个月里没有支付我工资。当我提出要工资时，他对我进行了肉体的虐待，把我的手打断了。
>
> Paru Begum（32岁），达卡机场，2018年7月10日

正如帕雷纳斯所说，全球化的女性劳工的遭遇大都一样，前往中东的孟加拉国移民女性劳工也遭受了包括身体虐待在内的许多恶劣对待。[①]

---

① Parreñas, R.S.（2005）. *"The Gender Paradox in the Transnational Families of Filipino Migrant Women"* in the Asian and Pacific Migration Journal, Volume 14 No.3.Scalabrini Migration Center

五、女性国际移民劳动者的家庭角色变化

女性移民者特别是受教育水平较低者，仍被认为是顺从的，甚至可以提供特殊私密服务，这种对女性移民者的刻板观念根深蒂固。Nelson（1992）根据是否实现移民目标这个标准，将女性移民者分为三类：第一类，受教育程度较高的精英女性；第二类，受教育程度相对较低的已婚女性；为丈夫而移居的受教育程度较低的移民女性；第三类，未受教育的移民者和非随伴侣移民者。[1]

在过去的二十年中，女性国际移民劳动者不断增加。在东南亚的印度尼西亚、菲律宾、斯里兰卡等国家都可见到跨国劳务中女性劳工占比的加大。例如，在来自印度尼西亚的海外移民者人数中，约80%是女性。由此可见，在这些国家，传统家长制家庭模式中的性别角色正在不断变化。在家长制的社会里，比起在国内工作，已婚移民女性更倾向于留丈夫和子女在国内，而自己选择出国劳务。本节试图探讨女性的国际移民如何影响她们国内家庭的家长制模式，以及对家庭中的性别角色产生了怎样的影响。

1.家长制模式变化

孟加拉国是一个社会性很强的家长制社会。在家长制社会，女性被社会排斥在生产性的经济生活领域之外，女性在异性交往方面总是受到严格控制。其中以男性为中心的家庭权力是通过女性的被动同意而获得，因此习惯性地认为女性受男性支配是理所当然的（Hartmann，1981）。[2]家长制由有薪劳动、家务、国家、男性暴力、性行为、文化六种要素组成。当一名女性移居到发达国家时，她扮演的是一家之长的角色，传统家庭中由男性负担家庭财政的责任，会因女性的国际移民开始发生改变。

由于对育儿和家务协助的需求增加，女性更容易在发达国家就业，而且这些职业的薪水比发展中国家的任何职业都高得多。她们在高报酬的地方工作，然后，把大部分薪水汇给国内家人。传统家庭模式中，常把体力更强的男性视为家庭收入的支柱，移居海外务工的女性的侨汇，使其代替身强力壮的男性，

---

①Nelson，Nici.（1992）. "*The Women Who Have Left and Those Who Have Stayed Behind：Rural-Urban Migration in Central and Western Kenya.*" In Chant 1992b，PP.109—38.

② Hartmann，Heidi I.（1981）.The family as the locus of gender，class，and political struggle：The example of housework.Signs：*Journal of Women in Culture and Society* 6（366）p.94.

成为家庭中的主要收入来源。

作为家长，持家理财的父亲和丈夫角色是传统已婚男性作为一家之长地位的重要支撑（Elmhirst，2004）。[1]东南亚相关研究显示，已婚男性对于成为"家庭支柱"，在经济上能养家糊口感到很自豪。而在移民女性化和女性在参与世界经济活动中成长的情境中，丈夫和父亲的地位不如从前。

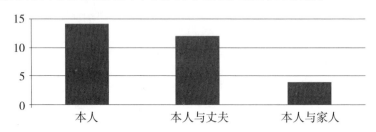

图 3 由女性移民劳务者带来的家长制模式的变化：在移居国外的决策上
（来源：BMET-2018）

在收入、生活方式及家庭责任感方面的性别差异影响着汇款的倾向。男性倾向于将一部分工资储存起来或投资，而女性通常会向家人汇款，而且汇款金额占其收入的绝大部分。

孟加拉国对女性移民过程的几个案例研究表明，大多数女性为摆脱压抑的性别角色而移居，离开她们的家庭，挑战传统性别角色，谋求经济独立和自由度的提升，这可以相对提高交涉筹码，提高女性在家庭中的地位。女性对家庭更具影响力，因为她们在一定程度上控制了家庭的财政资产，这对控制家庭产生了更大的杠杆作用。

案例2：

　　我妻子大约在7个月前出国了。我们有一个女儿和两个儿子，他们都上学。我在村子里用轻便的自行车做货物运输。大女儿做家务，照顾弟弟们。我尽量帮她，但她自己能做好，不过要完成所有家务，她就得逃学，但我并不愿意。我欠了点债，等还清了这个钱，我会让妻子回来。

Ershad Miah（40岁），2018年7月15日

---

[1]Elmhirst，R.（2004）.Labour politics in migrant communities：Ethnicity and women's activism in Tangerang，Indonesia. *Labour in Southeast Asia：Local processes in a globalised world*，pp.387–406.

案例3：

结婚3年后，我和丈夫离婚了。他吸毒成瘾，不照顾我。我抱着儿子回到了父母的家。几个月后，我决定去国外打工，把孩子交给父母后就离开了。那时我儿子才一岁半。4年里，我无法和儿子在一起，我回来的时候，他已经不记得我了。现在，他羞于称呼我"妈妈"！对于四年期间我不在的这个事情，我感到很伤心。现在我财政状况虽然有所好转，但对孩子们感到内疚。

Jorina（30岁），从阿曼归国的女性，2018年8月25日

案例4：

母亲已经在阿曼工作了4年，我和妹妹住在姨妈家。父亲在我才4岁时就离开了我们。母亲出国前在服装厂工作，她给我们寄来足够的钱，我现在读十年级（高中），我妹妹是六年级。我们和表哥们相处得很好，姨妈在照顾我们，需要钱的时候我向姨妈要，按照我自己的意愿买我想要的东西。

Babul Hossain（16岁），2018年3月5日

案例5：

母亲从3年前开始在阿联酋工作。我读八年级（中学），还要照顾两个弟弟。父亲在达卡的工厂工作，每隔两三个月回来一次。我们平时和爷爷奶奶一起生活。我想要什么都可以得到，但是想父母的时候看不到他们。我有同龄的表哥和朋友，我会和他们一起去玩，去逛街。我和一位姨妈非常亲密，会和她分享作为青春期少女的所有烦恼。用母亲每月寄给我们的钱，我们一家人过着没有困难的生活。

Mitu Akter（16岁），2018年9月10日

案例6：

结婚5年后，我与丈夫及两个孩子分居。我的家人不希望我移居海外。村里的老人会在背后说我到国外去的坏话，但我对此并不在意。我在沙特阿拉伯工作4年，赚了很多钱，现在生活自给自足，社会评价也很好……

Jhorna（30岁），2018年3月5日

案例7：

我于2017年作为地区新工人去了约旦。我支付了7万美元的出国费

用。但是我13天后就回来了，因为体检后我被归类为黄疸患者。我在国内体检了，结果是我不能出国，但是后来我才知道这件事。当地招聘负责人向腐败的医疗相关人士行贿，更改我的医疗报告，他谎称能送我出国。为了去约旦，我不得不借了高利贷。做临时工的丈夫现在正为偿还这笔贷款而努力工作。

Rubi Akter（32岁），2018年2月13日

孟加拉国社会可以看作典型的家长制社会，这主要是因为女性权力有限，与此同时，女性在公共领域的力量也较弱。在这里，支配性的家长式意识形态使以男性为主的风土人情被视为常理，女性被视为只能依赖男子的再生产者。女性的作用也通常由女儿、妻子和母亲的角色所体现。因此，女性只有具有顺从、忍耐、牺牲等品质，才能被认定为好妻子和母亲。而男性仅仅因为是男性，就能拥有更大的力量和权威。在孟加拉国，女性的家庭职责是生育、护理、养育子女和做家务。因此，女性的性别意识似乎受到将不平等视为平常而正当的家长式意识形态的影响（Schuler et al.Cited in Sultana，2017）。① 在这种背景下，女性移民成为催发传统家长制意识形态与理性女性形象观念对抗的一个重要影响因素。

2.女性在孟加拉国的地位以及育儿角色变化

在东南亚，女性移民的异军突起得益于按性别细分的世界劳动市场对家政护理人员的需求增大，已婚女性的移民不仅改变了家庭内部的权力关系，也大大改变了家庭分工方面的习俗，这种变化在移民的女性及其家庭成员中都出现过（T.Lam & B.S.Yeoh.（2018）② 。此处援引一名菲律宾人的例子，她每周能从富有的比弗利希尔斯家族领取到400美元工作报酬。同时，她每周花40美元为自己在菲律宾的家人雇用本地工人，这名本地工人是一个贫穷的没有移民经历的

---

① Sultana, H., & Fatima, A.（2017）.Factors influencing migration of female workers: a case of Bangladesh. *IZA Journal of Development and Migration*，7（1），p.4.

②Lam, T., & Yeoh, B.S（2018）.Migrant mothers, left-behind fathers: the negotiation of gender subjectivities in Indonesia and the Philippines. *Gender，Place & Culture*，25（1），pp.104–117.

女性（Phizacklea，1998：34）。①女性被称为"全球化的仆人"，这是因为许多人为拥有更高的社会经济地位而出国，同时把家庭照料责任转移给其他家庭成员或其他国家的具有较低社会经济地位的女性。本文所考察的是具有移民经验的女性与其丈夫在育儿及家庭经济建设中的地位和作用也呈现出变化。

案例8：

　　我在迪拜待了3年，2012年才回来。我妻子去年去了沙特阿拉伯。我有一个6岁的女孩，现在和同一村的奶奶住在一起。我几乎每天都会见孩子。我因为身体不好，所以就让妻子出国（打工）。现在，我很想念她，我让她明年回来。

Md.Swapon（35岁），2018年7月7日

案例9：

　　我在沙特阿拉伯有3年了。我在那里工作，为我的家人赚钱。虽然我在出国之前有经济困难，但现在过得比较好，能给孩子们进行良好的教育。现在我有一些土地，有适合居住的房子。我现在发现，不管是什么样的女性，只要有钱，她就会在家庭中拥有更多的力量。

　　从以上事例看出，留守丈夫们进行做饭、打扫卫生、育儿等家务，大都是在工作之余在家庭里的主要职责。大多数丈夫都尽最大努力克服妻子不在家里的种种困难，但也有一些丈夫强调，这种配偶移居海外的现象在某些情况下会产生消极影响，例如会引发孤独、离婚以及外遇等婚姻问题。

　　如果家庭内的主导权取决于家庭成员的相对收入份额，那么，根据这个假设，男性移居海外务工对家庭外供应的劳动力的影响也可能使女性丧失在家庭内的主导权（Binzel and Asaad，2011）。②

---

①Phizacklea，A.（1998）. "Migration and Globalization：A Feminist Perspective"，în K.Koser şi H.Lutz（ed.），The New Migration in Europe：Social Constructions and Social Realities（pp.21-37）.

②C.Binzel & R.Assaad.（2011）.Egyptian men working abroad：Labour supply responses by the women left behind. *Labour Economics*，18，S98-S114.

六、结论

孟加拉国女性移民劳动者的数量在增加，其中有些人更愿意从事家政相关工作。出国务工为低技能女性提供了学习新技术、自强不息、提升家庭地位和社会地位的机会。孟加拉国女性的地位逐渐得以提升，开始具有家庭重大事务的决策权。女性移民劳动者希望独立，她们在海外的经历给了她们力量，加强了她们的认同感。本文主要针对女性移民对女性在家庭中的地位及性别角色变化的影响做出探析。

研究结果如下。

第一，女性进入社会和移居海外可能会削弱男性的传统权力和地位，并大大改变现有的性别角色。在家长制社会规范内，女性在决策方面受到限制，她们被认为不具有家庭经济主导权。但是，女性的地位不是一成不变的，传统家庭制度已不能代表孟加拉国的现状。

第二，女性移居海外是近年来在东南亚地区出现的现象。海外就业可以促使女性地位上升，侨汇也让她们受到尊重。

第三，移居海外女性的本国家庭普遍倾向于利用来自海外的汇款来缓解贫困，改善子女教育，改善生活方式，改善医疗、住房等消费水平。虽然一方面移居海外务工为女性劳务者及其家人带来了很多实惠，但另一方面，她们面临的风险可能比那些受到不公平待遇、剥削和暴力等的男性更多。

第四，国际劳动力市场的需求和劳动力全球化现象充分说明了来自发展中国家的女性如何通过国际移民满足发达国家对家政工作的劳动力需求。因此，在全球化市场上，更多的孟加拉国女性被迫移居国外。

第五，这些女性移民劳动者的海外就业及汇款，迅速提高了本国家庭的经济收入，提高了家人们的生活水平，使得家庭中女性的决策权得到提升，已婚女性对配偶的依赖程度变弱。

参考资料

［1］Asis, M., & Piper, N.（2008）.Researching International Labor Migration in Asia. *The Sociological Quarterly*, 49（3）, pp.423–444.

［2］Clifford, J.（1994）.Diasporas. *Cultural anthropology*, 9（3）, pp.302–338.

〔3〕Elmhirst，R.（2004）.Labour politics in migrant communities：Ethnicity and women's activism in Tangerang，Indonesia. *Labour in Southeast Asia：Local processes in a globalised world*，pp.387–406.

〔4〕Hadi A.（1998）.*Early Marriage，Bride Price and the Practice of Dowry in Bangladesh Villages.*Watch Report No 35.BRAC：Dhaka.

〔5〕Hadi，A.（1999）.'Overseas migration and the well–being of those left behind in rural communities of Bangladesh'. *Asia-Pacific Population Journal*，14（1）：PP.43–58.

〔6〕Hartmann，Heidi I.（1981）.The family as the locus of gender，class，and political struggle：The example of housework.Signs：*Journal of Women in Culture and Society* 6（366）p.94.

〔7〕Hugo，G.，& Ukwatta，S.（2010）.Sri Lankan female domestic workers overseas—the impact on their children. *Asian and Pacific Migration Journal*，19（2），pp.237–263.

〔8〕Hugo，G.（2002）."Effects of international migration on the family in Indonesia"，Asian and Pacific Migration Journal，vol.11，No.1，pp.13–46.

〔9〕Hugo G.（1997）.Migration and female empowerment.Paper presented at the IUSSP Seminar on *Female Empowerment and Demographic Processes：Moving Beyond Cairo.*April I USSP：Lund，Sweden，pp.21–24.

〔10〕Hochschild，A.（2002）in Ehrenreich，B .and Hochschild，A.R.（2002）editors，*Global Woman，Nannies，Maids and Sex Workers in the New Economy*，London：Granta Books.

〔11〕Islam，M，Chowdhury，H，Salehuddin，M，Dutta，JP，Ali，M，& Hoque，AKE.（1987）.*Overseas Migration from Rural Bangladesh：A Micro Study. University of Chittagong：Chittagong.*

〔12〕Islam.M.N.（2009）.Gender Analysis of Migration from Bangladesh，The Bureau of Manpower，Employment and Training（BMET），Dhaka，Bangladesh.

〔13〕Kaur，A.（2007）.International labour migration in Southeast Asia：governance of migration and women domestic workers. *Intersections：Gender，History and Culture in the Asian Context.* p.15.

〔14〕Kofman，E.，& Raghuram，P.（2012）.Women，migration，and

care: Explorations of diversity and dynamism in the global South. *Social Politics*, 19（3）, pp.408–432.

［15］Lam, T., & Yeoh, B.S.（2018）.Migrant mothers, left-behind fathers: the negotiation of gender subjectivities in Indonesia and the Philippines. *Gender, Place & Culture*, 25（1）, pp.104–117.

［16］Luecke, M., & Stoehr, T.（2012）.The effects of migration in Moldova and Georgia on children left-behind. *Europe Aid Project*.DCIMIGR/210/229–604, Moldova.

［17］Luna, S.S., & Islam, M.S.（2014）.International Female Labour Migration And Its Impact On Family Member Left Behind: A Case Study On Sadarpur Upazila, Faridpur. *Oriental Geographer*, 58（2）, pp.157–162.

［18］Masuduzzaman, M.（2014）.Workers' remittance inflow, financial development and economic growth: A Study on Bangladesh. *International Journal of Economics and Finance*, 6（8）, pp.247–267.

［19］Nelson, Nici.（1992）.*"The Women Who Have Left and Those Who Have Stayed Behind: Rural-Urban Migration in Central and Western Kenya."* In Chant 1992b, pp.109—138.

［20］Omelaniuk, Irena（2006）The Age of Mass Migration Causes and Economic Impact.World Bank.

［21］Pritu, A.J（2018）, overseas migration of female workers on the rise despite reports of abuse, *Report of Dhaka Tribune*.Published on March 28th 20118, Searched date on September 10th 2019 https: //www.dhakatribune.com.

［22］Parreñas, R.S.（2005）.*"The Gender Paradox in the Transnational Families of Filipino Migrant Women"* in the Asian and Pacific Migration Journal, Volume 14 No.3.Scalabrini Migration Center.

［23］Phizacklea, A.（1998）. "Migration and Globalization: A Feminist Perspective", în K.Koser și H.Lutz（ed.）, The New Migration in Europe: Social Constructions and Social Realities , pp.21–37.

［24］Rahman, M.M., Yong, T.T., & Ullah, A.A.（2014）.Migrant remittances in South Asia: an introduction.In *Migrant Remittances in South Asia*（pp.1–30）.Palgrave Macmillan, London.

［25］Raharto，A.（2002）.Indonesian Female Labor Migrants：Experience Working Overseas（A Case Study among Returned Migrants in West Java）. *Journal of Population-Jakarta-*，8（1），pp.73–98.

［26］Raharto，A.（2011，June）.The migratory experience of returned migrant domestic workers：The example of Indonesia.In *Paper on Workshop on Strengthening Dialogue between ESCWA and ESCAP Countries on International Migration and Development.*

［27］Raharto，A.，& Noveria，M.（2012）.Advocacy groups for Indonesian women migrant workers protection. *Jurnal Kependudukan Indonesia*，7（1），pp.1–18.

［28］Sultana，A.M.（2010）.Patriarchy and women's gender ideology：a socio-cultural perspective.*J Soc Sci* 6.（1）.pp.123–126.

［29］Sultana，H.，& Fatima，A.（2017）.Factors influencing migration of female workers：a case of Bangladesh. *IZA Journal of Development and Migration*，7（1），p.4.

［30］Surtees，R.（2003）.Female migration and trafficking in women：The Indonesian context. *development*，46（3），pp.99–106.